D' Paul COURBON

Ancien externe des Hôpitaux de Lyon
Interne des Asiles de la Seine.

Étude psychiatrique

sur

Benvenuto Cellini

(1500-1571)

A. MALOINE, ÉDITEUR

25, rue de l'École-de-Médecine, 27   6, rue de la Charité, 6
PARIS   LYON

1906

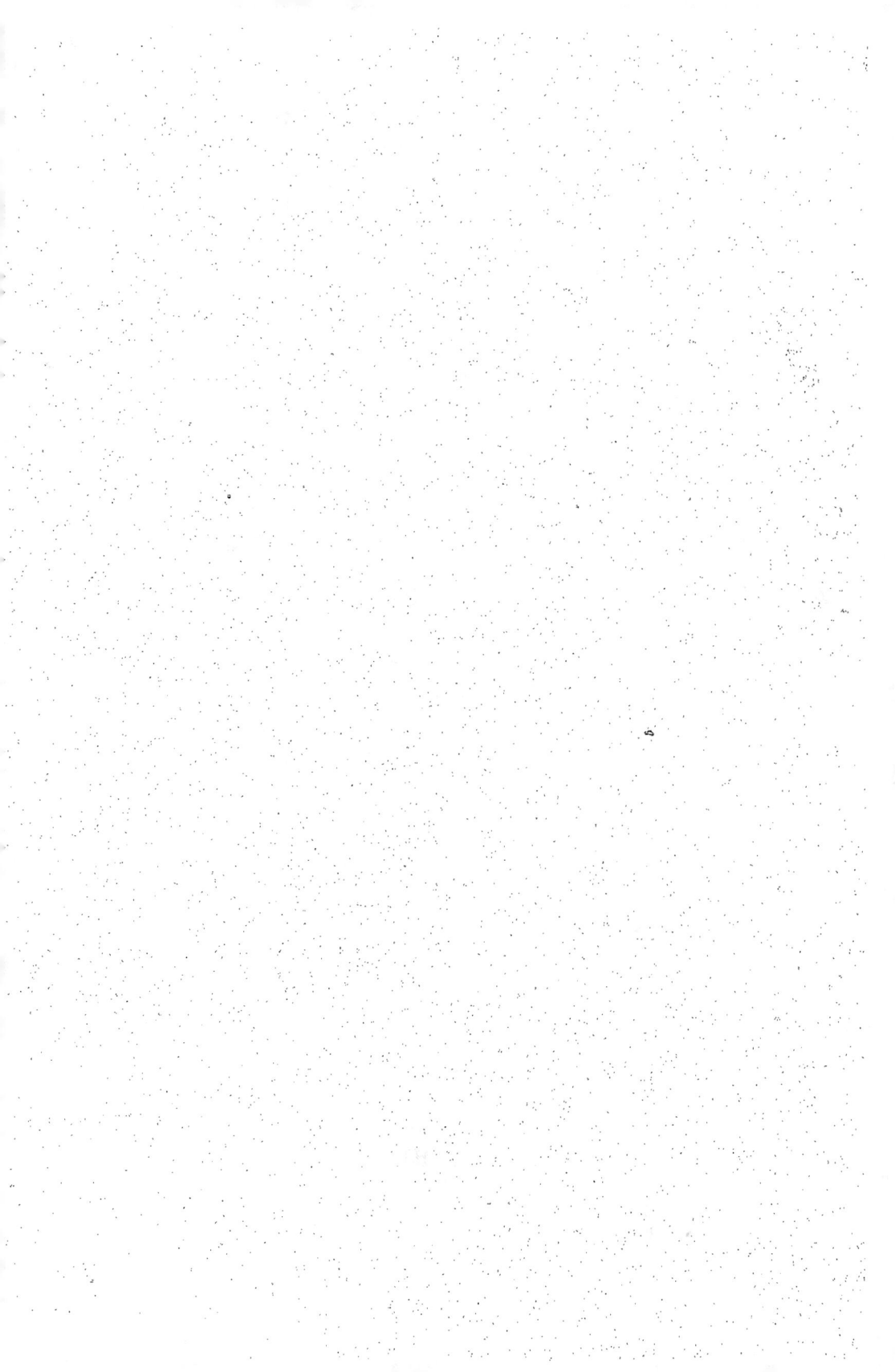

Dr Paul COURBON
Ancien externe des Hôpitaux de Lyon
Interne des Asiles de la Seine.

Étude psychiatrique

sur

Benvenuto Cellini

(1500-1571

A. MALOINE, ÉDITEUR

25, rue de l'Ecole-de-Médecine, 27
PARIS

6, rue de la Charité, 6
LYON

1906

Nous adressons tous nos remerciements à Monsieur le professeur *LACASSAGNE* de l'honneur qu'il nous fait en acceptant de présider le jury de notre thèse, car il nous permet ainsi de prendre rang parmi les élèves de l'École lyonnaise, et à Monsieur *BERTAUX*, professeur d'Histoire de l'Art à la Faculté des lettres, dont la présence parmi nos juges jette sur notre modeste travail un peu de l'éclat de sa haute compétence.

Nous exprimons aussi toute notre reconnaissance aux maîtres dont nous avons suivi l'enseignement médical :

A Lyon, comme externe dans les services de l'Antiquaille chez :

MM. *ALBERTIN*, chirurgien des hôpitaux ;
     LYONNET, médecin des hôpitaux ;

De la Charité chez :

MM. *Auguste POLLOSSON*, professeur de clinique gynécologique ;

      FABRE, professeur de clinique d'accouchements ;

De l'Hôtel-Dieu chez :

MM. *ROQUE, médecin des hôpitaux, professeur*
   agrégé ;
   MOUISSET, médecin des hôpitaux. L'ensei-
   gnement clinique précieusement recueilli pen-
   dant le semestre passé chez M. MOUISSET
   restera pour nous le guide de notre pratique
   médicale future. Puissent nos efforts rendre
   l'élève digne d'avoir eu un tel maître.

A Paris comme interne dans les services de :

MM. *PACTET, médecin chef à l'asile de Villejuif ;*
   COLIN, médecin chef à l'asile de Villejuif ;
   VIGOUROUX, médecin chef à l'asile de Vau-
   cluse. Nous sommes heureux d'exprimer à ce
   maître, sous la direction duquel nous n'avons
   pu rester que quelques mois, notre gratitude
   pour tout ce qu'il nous a enseigné pendant
   notre trop bref séjour près de lui et pour
   l'amitié dont il a bien voulu nous honorer
   depuis.

A MON PÈRE

le Docteur Léon COURBON

INTRODUCTION

La vie extraordinaire de Cellini a frappé tous ses lecteurs. Elle a séduit à la fois littérateurs et musiciens. Gœthe (1) traduisit ses mémoires, A. Dumas y puisa son roman *Ascanio*, Saint-Saëns composa un poème musical sur le même sujet, Berlioz et Diaz donnèrent chacun à un opéra le nom de *Benvenuto Cellini* comme titre.

Les biographes de l'artiste florentin exprimèrent en des exclamations différentes l'impression qu'ils ressentirent devant une existence aussi fantasque. Le terrible Cellini, dit en parlant de lui son rival Vasari (2); l'extravagant, le brutal, s'écrie Leclanché (3); un caractère brutal, un esprit querelleur, déclarent Desobry et Bachelet (4). Il était totalement dépourvu de sens moral, remarque Lavisse.

Mais ces différentes épithètes s'appliquent-elles simplement à l'originalité d'une nature artiste ou

(1) Gœthe, traduction allemande des *Mémoires*, Tübingen, 1803.

(2) Vasari : *Les Vies des architectes, peintres et sculpteurs.*

(3) Leclanché, traduction française des *Mémoires de Cellini* et des *Vies* de Vasari.

(4) Desobry et Bachelet : *Dictionnaire biographique.*

Courbon.   1

s'adressent-elles au contraire à l'excentricité d'un tempérament morbide ? Doit-on regarder les *Mémoires* comme l'observation autographe d'un névropathe ou ne faut-il y voir que le journal, surprenant pour nous, d'un de ces aventuriers disparus aujourd'hui, mais fréquents au XVI⁰ siècle et en Italie, dont le génie dramatique de Victor Hugo fit surgir souvent au théâtre la poignante évocation ?

Pour répondre à cette question et avant de commencer notre travail nous nous sommes efforcé de reculer notre héros dans l'espace et dans le temps à la place qu'il occupait ; il nous a semblé alors se distinguer d'entre les autres artistes et du milieu de ses contemporains par des caractères tels qu'ils nous ont décidé à entreprendre l'étude de cette mentalité anormale.

L'inégalité d'une humeur sans cesse agitée par les élans de l'enthousiasme le plus passionné et les assauts du désespoir le plus sombre, la bizarrerie d'une conduite parfois stupéfiante, la jalousie, sentiment bien compréhensible chez eux puisque, ainsi que le fait remarquer Corneille (1) :

> Plus un pareil mérite aux grandeurs vous appelle,
> Et plus la jalousie aux grands est naturelle,

sont l'apanage qu'aux amants de l'art chacun se plaît à reconnaître. Mais la vie de Cellini offre des épisodes d'une originalité vraiment outrée et morbide. Si l'étonnement que le récit de ses inconstantes ardeurs,

_____

(1) CORNEILLE : *Pulchérie*, II, 2.

le chant dithyrambique de ses propres vertus, la détraction opiniâtre de ses nombreux rivaux éveille en nous est aisément apaisé par cette réflexion : « c'était un artiste », seule l'affirmation : « c'était un malade » peut expliquer certains faits, tels que ses entretiens avec la divinité, la flamme céleste qu'il prétendait montrer à tout le monde au-dessus de son front, la méfiance constitutionnelle qui le fit dès sa jeunesse crier au martyre et lui dictait ces paroles : « La « mauvaise fortune s'acharna-t-elle jamais avec « plus de rage à persécuter un pauvre homme ? » à un moment où à Florence il était au comble des honneurs et de la richesse.

Replacé sous le soleil ardent de sa patrie, dans cette Italie de la Renaissance toute frémissante du choc des marteaux de ses sculpteurs, des harmonies nouvelles de son Palestrina (1) et du cliquetis des épées de ses condottieri, Cellini nous apparaît encore avec des caractères bien tranchés.

Actuellement, le fait d'avoir tué trois hommes et d'en avoir frappé tant d'autres le ferait jeter dans une prison comme criminel, ou enfermer dans un asile comme aliéné ; tenant compte des mœurs de son époque, c'est moins sur ses actes que sur la façon dont il les accomplit que nous basons notre jugement. Jamais il ne se tapit dans l'ombre comme il était d'usage de le faire alors, pour attendre sa victime ; jamais il ne prémédita son crime ; l'impul-, sivité morbide qui le précipita soudain sur ses

(1) PALESTRINA, né suivant les uns en 1514, suivant d'autres en 1524 mort en 1594.

adversaires lui fit toujours lancer le premier coup et
presque toujours il regretta d'avoir cédé à la violence.
De même, aujourd'hui le fait seul de porter constamment sur le corps une cotte de mailles lé ferait immédiatement traiter de fou ; mais, dans l'énumération
de ses idées de persécution nous n'avons pas même
signalé cette habitude car elle était naturelle à une
époque où Marguerite de Valois, se heurtant chaque
jour à des rixes sanglantes, pouvait s'écrier :

> Je ne puis le soir rentrer dans mon palais
> Sans trouver sous mes pas la discorde et la guerre.

Notre travail s'est borné à recueillir les divers
signes de déséquilibration mentale présentés au
cours de sa vie par l'auteur des *Mémoires* et à les
classer dans les différents cadres nosographiques
connus. Ce faisant, *nous n'avons pas eu la prétention
d'expliquer par eux le talent artistique de Cellini,
nous avons seulement essayé de fournir une explication médicale à l'excentricité de son caractère.*

D'ailleurs, la valeur de cet artiste qui fut aussi un
conteur (1) merveilleux n'est pas suffisante pour qu'on

(1) Nous énumérons brièvement ses œuvres principales :
Comme écrivain, il a laissé ses *Mémoires*, étincelants de verve, un
traité sur l'orfèvrerie, un traité sur la sculpture et quelques sonnets.
Comme artiste, il composa : en 1519, un fermoir de ceinture bas-
relief en argent; en 1520, un coffret d'argent qui est la fameuse
salière du musée de Vienne; vers 1523, une aiguière d'argent ciselé,
un lis monté avec les diamants de doña Portia, une enseigne de
gonfalonnier : les amours de Léda dont un fac-simile est à Vienne,
une poignée de dague ; en 1527, de nombreuses monnaies frappées
pour le pape ; en 1528, un sceau représentant l'Assomption de la
Vierge, un médaillon perdu où était gravé le combat d'Hercule et du

puisse le ranger parmi les hommes de génie, ces hommes dont le cerveau, pour employer une expression imagée du professeur Lacassagne, est le cerveau de l'avenir (1). Aux bizarreries de son caractère ne convient pas par conséquent l'épithète de progénérescence (2) admise par le professeur lyonnais pour désigner l'anomalie mentale des hommes supérieurs qui ont atteint un degré d'évolution plus élevé que leurs contemporains. Cellini fut un excellent praticien mais ce ne fut pas un créateur, telle est l'opinion que nous a donnée sur lui M. Bertaux, professeur d'Histoire de l'Art.

Nous avons puisé nos documents aux sources les plus diverses de la bibliothèque nationale de Paris,

lion de Némée, un atlas et zodiaque sur une plaque de lapis-lazuli disparu ; en 1529, un bouton de chape où était figuré Dieu le Père bénissant (fondu depuis pour payer la rançon exigée par Bonaparte) ; en 1536, il décora la couverture d'un missel pour Charles-Quint : un Christ en croix y était représenté ; en 1537, il fit un médaillon pour Pietro Bembo ; en France, il composa la belle nymphe de Fontainebleau qui est au Louvre et trois statues perdues de Mars, Vulcain, Jupiter, ce dernier sous les traits du roi ; en 1554, il fondit son superbe Persée, conservé dans la loggia de Florence : Persée tient à la main la tête de Méduse qu'il vient de couper et dont le corps est à ses pieds ; dans quatre niches sont Danaé, Jupiter, Minerve et Mercure ; le bas-relief représente la délivrance d'Andromède ; en 1562, le crucifix célèbre qu'il destinait à son tombeau et qui est actuellement à l'Escurial ; enfin, à Florence, on lui attribue le Ganymède du musée des Offices, un buste de Cosme de Médicis et un bas-relief représentant un lévrier.

(1) LACASSAGNE : *L'évolution de la médecine légale et les théories modernes de la criminalité*. Conférence aux Amis de l'Université, janvier 1897.

(2) Cette théorie est développée dans plusieurs thèses inspirées par le professeur Lacassagne, notamment celle de LOYGUE : *Étude médico-psychologique sur Dostoïewski et considérations sur les états morbides liés au génie*, Lyon, 1903 ; celle de LÉTANG : *Gall et son œuvre*, Lyon, 1906,

dans les mémoires écrits par lui-même, dans les souvenirs laissés sur lui par son contemporain Vasari, dans les ouvrages des historiens Lavisse, Michelet, Taine (1), dans les notices à lui consacrées par plusieurs biographes, Firmin-Didot, Grégoire, Larousse, Mantz, Michaud, dans des articles publiés sur lui à des dates différentes, Delatouche en 1832, Plon en 1883, Molinier en 1894, Dimier en 1898 et 1902, enfin dans les remarques de psychiatres modernes, tels que Lombroso et Regnard (2).

Nous avons divisé notre travail en deux parties. Dans la première partie, nous exposons les antécédents héréditaires et personnels de Cellini. La seconde, la plus importante, est réservée à l'étude de son état mental ; nous y décrivons, dans quatre chapitres distincts : la déséquilibration habituelle de cet artiste, les épisodes délirants de son existence, les impulsions et obsessions qu'il présenta, enfin les perversions que prit chez lui le sens génital.

(1) Taine : *Philosophie de l'art.*

(2) Lombroso, dans *L'Homme de génie*, signale le vagabondage et les hallucinations de Cellini. Regnard, dans *Le Génie et la Folie*, ne voit dans ses hallucinations que « des rêves amplifiés par une imagination d'artiste ».

PORTRAIT PHYSIQUE

Tous les renseignements que nous avons pu recueillir sur la constitution physique de Cellini se résument aux notes suivantes puisées dans le magnifique ouvrage d'Eug. Plon.

Il existe de cet artiste deux types de portraits un peu différents.

L'un, au front haut toujours recouvert du même vaste chapeau, a le regard fier et dédaigneux, le nez effilé, légèrement busqué, la barbe longue et soyeuse.

L'autre a le regard dur, le nez droit, la barbe un peu moins longue et plus rude; la chevelure est rétive et une touffe épaisse (détail caractéristique qui se retrouve sur tous les portraits de cette série) forme une large mèche repliée sur le milieu du front.

Le premier portrait est celui que donna Francesco Tassi dans son édition de la *Vie de Cellini*, en 1829; c'est lui également qui inspira Adèle de Négrin, auteur du buste de Cellini exposé à Turin en 1880.

Le second, plus véridique d'après Plon, correspond à un personnage de la vieille fresque du Palais-Vieux de Florence où Vasari a représenté Cosme Ier entouré de ses architectes et sculpteurs. C'est cette figure picturale que reproduisirent Thomas Nuguent dans sa traduction anglaise de 1771, Palamède Carpani dans son édition des *Mémoires* de Milan, 1821, Farjasse dans sa traduction française de 1833 et enfin Ulysse Cambi, dans la statue en pied qu'il éleva à Cellini en 1845.

Une planche d'un ouvrage daté de Florence, 1768, et intitulé *Serie di Ritratti d'Uomini illustri Toscani*, porte gravé le même portrait.

On reconnaît le même personnage de la fresque de Vasari, mais plus jeune d'une quinzaine d'années, dans une peinture sur porphyre qui porte au dos, tracée en lettres d'argent, l'inscription suivante : *Benvenuto Cellini, nato di Giovanni di Andrea e di Maria Lisabetta di Stefano Granacci il di d'Ognissanti nel 1500* (1). C'est cette peinture que Plon a fait graver en tête de son ouvrage et que nous reproduisons.

La physionomie est intelligente, mais on constate une asymétrie faciale assez nette. L'œil droit est plus grand que le gauche, la bosse frontale droite est un peu plus saillante ; la bouche est de travers comme si la commissure labiale droite que cache la moustache était relevée ; l'accentuation du pli naso-génien indiquerait une contracture des muscles de ce côté ;

(1) Il existe dans la galerie Pitti, de Florence, d'autres petits portraits semblables peints sur porphyre, d'après nature. Il y en a également un au Musée de Cluny, à Paris.

l'oreille est bien dessinée ; en somme, le personnage qu'on a sous les yeux semble atteint d'une paralysie faciale.

On sait que Magnan considère les asymétries de la face comme des stigmates physiques de dégénérescence ; mais avons-nous sur cette gravure la reproduction exacte des traits de Cellini ou bien n'est-ce là que le résultat de l'impéritie de peintre ? Aucun document ne nous permet de résoudre cette question.

PREMIÈRE PARTIE

Antécédents.

___

CHAPITRE PREMIER

ANTÉCÉDENTS HÉRÉDITAIRES

___

En groupant les diverses allusions à sa famille semées au cours de ses mémoires, nous avons recueilli sur les parents de Benvenuto Cellini les renseignements qui suivent :

Son père, Giovanni Cellini (1), et sa mère, Elisabetta Granacci, tous deux Florentins, vivaient mariés depuis dix-huit ans sans avoir eu d'enfant.

« Dix-huit années d'une lune de miel, dit élégam-
« ment l'auteur, pendant lesquelles ils jouirent de

___

(1) Giovanni Cellini fit partie des commissaires chargés, en 1504, de donner leur avis sur l'emplacement à donner à la statue de David, de Michel-Ange.

« leur jeunesse et de leur saint amour », lorsqu'une grossesse gémellaire vint mettre un terme à cette longue période de stérilité. Elle fut malheureusement interrompue prématurément par une fausse couche, due à la maladresse du médecin, insinue Cellini, dont la malignité n'épargne jamais les disciples d'Esculape.

Un an après, Elisabetta, redevenue enceinte, mettait au monde une fille, baptisée Cosa, qui se fit religieuse.

Deux ans plus tard, Benvenuto naissait, en 1500, la nuit qui suivit la Toussaint. Les envies éprouvées par sa mère pendant qu'elle le portait avaient fait présager la naissance d'une fille. L'heureuse surprise du père devant cet héritier désiré, mais inattendu, lui fit donner le nom de Benvenuto, le bienvenu.

Au bout de deux autres années, nouvelle naissance d'un garçon appelé Cecchino qui devint « l'un des « meilleurs soldats de l'admirable Jean de Médicis ».

Enfin, une fille née ultérieurement, à une date non fixée, fut le dernier enfant de la famille. Cette Lipérata se maria au sculpteur Bartoloméo.

Dans les mémoires il est encore question du grand-père Andréa Cellini qui vécut au delà de cent ans.

A l'exception de la jeune Lipérata, tous ses parents furent frappés par la mort avant lui. Le grand-père mourut de vieillesse, le père, la mère et la sœur aînée furent emportés par la peste durant l'épidémie qui s'abattit sur Florence, en 1529. Le frère Cecchino fut tué dans une bagarre, à vingt-cinq ans.

Une grande impressionnabilité de caractère fut commune à tous les membres de la famille.

Le grand-père était « colère de naturel », dit le petit-fils. La sœur Lipérata était d'une sensibilité excessive. Un jour, en revoyant son frère qui était absent depuis longtemps, elle est tellement émue qu'elle « tombe en pamoison », perd connaissance et revient à elle dans une crise de larmes suivie d'une vive gaieté.

Cecchino était querelleur et impulsif.

L'étude de l'état mental du père nous arrêtera plus longtemps. Il fabriquait des luths et enseignait à jouer de la flûte.

L'admiration qu'il avait pour lui-même et pour sa profession n'avait d'égal que le respect que lui inspirait la magistrature ; aussi voulait-il faire de son fils « un grand musicien » ou « un grand jurisconsulte ». Aussi sourd aux affirmations des maîtres de l'enfant qu'aveugle devant les résultats matériels obtenus par le jeune orfèvre dès le début de l'exercice de son art, il lutta toujours obstinément contre cette vocation.

Lorsqu'il voyait son fils dont il était le professeur négliger la flûte, il était secoué de violentes colères au cours desquelles sa fureur s'exhalait en phrases grandiloquentes et en terrifiantes prophéties. Un de ses élèves préférés, Piérino, s'étant permis de plaider humblement la cause de l'orfèvrerie, déchaîna sur lui-même le redoutable ouragan de ses effrayantes prédictions :

« Je savais bien, s'écria le vieillard, que c'était toi « qui t'opposais à mes plus chers désirs, toi qui m'as

« fait priver de ma place au palais en me payant de
« *cette basse ingratitude qui est la récompense ordi-*
« *naire des grands bienfaits.* C'est moi qui t'ai pro-
« curé un emploi, et c'est toi qui m'as fait perdre le
« mien. Je t'ai enseigné la musique et tout ce que tu
« sais, et tu empêches mon fils d'obéir à mes volon-
« tés ; *mais garde bonne mémoire de ces paroles pro-*
« *phétiques : avant, non quelques années, non quel-*
« *ques mois, mais seulement quelques semaines, tu*
« *seras englouti en punition de ta honteuse ingrati-*
« *tude.* »

Le pauvre Piérino se consola dans cette pensée
« que la plupart des hommes, en vieillissant, cou-
« rent à la folie ». N'est-ce pas là une réflexion justement suggérée par la forme et le fond de ce discours
en réponse à la timide remarque de l'élève ?

Lorsque, au contraire, Benvenuto semblait prendre goût à la musique, l'émotion du père était si vive
qu'à chaque élan du jeune homme dans l'art musical
le brave homme avait toujours « failli mourir de joie ».

D'ailleurs, il aimait beaucoup son enfant ; mais,
dans cette âme prudhommesque, l'amour paternel
disparaissait devant le respect des convenances qui y
régnait. « Mon amour pour toi est si grand, écrit-il à
« son fils qui s'était enfui de chez lui, que n'*eussent*
« *été les convenances que j'observe par dessus tout*, je
« serais immédiatement accouru près de toi. »

Il était d'un naturel compatissant, mais il était
meilleur prophète que bon consolateur.

Le malheureux Pierino s'étant brisé la jambe quelques jours après la discussion citée plus haut, Gio-

vanni va lui rendre une visite de condoléance et
l'encourage par ces rassurantes paroles : « O Pie-
« rino, mon cher disciple, je suis bien affligé de
« ton malheur, mais tu dois te souvenir que *je t'en*
« *ai averti il y a peu de temps ; ainsi s'accompliront*
« *mes prédictions sur tes enfants et les miens !* » Dans
une autre circonstance il eut à jouer ce même rôle de
consolateur dont nous venons de le voir s'acquitter
si bien. Benvenuto était venu se plaindre d'avoir été
volé par son cadet Cecchino et voici le réconfort que
trouva l'enfant. « Mon père me répondit que j'étais
« son fils bien-aimé et que loin d'avoir perdu quel-
« que chose j'avais fait un véritable gain, attendu
« que c'était un devoir commandé par Dieu même
« de partager ce qu'on a avec celui qui ne possède
« rien. Enfin il ajouta que si pour l'amour de lui je
« pardonnais cette injure, Dieu me comblerait de
« toutes sortes de biens. » Le résultat d'une aide
aussi effective fut immédiat : le soir même Benvenuto quittait le domicile paternel.

Son savoir était grand et « comme il connaissait
« quelque peu de latin et de médecine » il tâtait le
pouls de son fils quand celui-ci était souffrant ; mais
le pompeux étalage de cette science médico-latine,
mise en déroute à la première accélération des batte-
ments, faisait place chez le bonhomme à un effroi
grotesque ; il fallait alors pour l'apaiser que le pauvre malade surmontant ses répugnances tirât quelques accents de cette flûte détestée par lui, mais
enchantée pour son père.

Il possédait également des notions de magie et

pour les transmettre à son héritier il usait du procédé judicieux que voici. Un jour il appelle l'enfant et lui montrant le foyer, lui applique un formidable soufflet en disant : « Cher enfant, je ne te frappe « point pour te punir, mais seulement pour que tu « te souviennes que ce lézard que tu aperçois dans « le feu est une salamandre, animal qu'aucune per- « sonne connue n'a jamais vu. »

La vanité prétentieuse de ce joueur de flûte stéréotypé dans l'admiration de son propre talent, l'entêtement borné de ce soi-disant artiste incapable de reconnaître les aptitudes de son fils, le verbiage sonore et creux de cet orateur de lieux communs, l'émotivité de ce tempérament qu'une pulsation cardiaque fait défaillir, l'instabilité de ce caractère où les convenances tiennent lieu de conscience, ne sont-ce pas là autant d'indices d'une certaine déséquilibration mentale ?

Ces signes présentés par le père joints à ceux que nous avons rencontrés chez les autres parents ne nous autorisent-ils pas à conclure que *Benvenuto Cellini appartient à une famille où*, pour nous servir d'une expression de Morel (1), *le tempérament nerveux était exagéré*(2) ?

Il ne sera donc pas étonnant de retrouver chez notre artiste une aggravation de ce même tempéra-

(1) MOREL : *Traité des dégénérescences physiques, intellectuelles et morales.*

(2) Rappelons cette définition donnée par TOULOUSE du tempérament nerveux : l'état de ceux qui sont voués de par leur nature à toutes les lésions fonctionnelles et organiques du système nerveux, in *Émile Zola.*

ment, car, ainsi que l'a fait remarquer le célèbre aliéniste, là vulnérabilité mentale progresse en se transmettant aux descendants.

Il est un second point du chapitre qui doit attirer notre attention : l'âge de ses parents. Son père et sa mère étaient mariés depuis plus de vingt et un ans quand il naquit ; il est donc permis d'en inférer qu'au moment où ils l'engendrèrent, tous deux avaient sûrement plus de quarante ans.

Or, plusieurs auteurs, Marie (1) en France, Marro (2) en Italie, ont constaté l'influence défavorable de l'âge mûr des parents lors de la conception sur la mentalité du rejeton. La même idée est formulée vulgairement dans l'expression « enfant de vieux ». De plus, le professeur Ball (3) s'exprime en ces termes : « Je crois « devoir vous signaler un fait très curieux qui se « rattache à l'hérédité, mais qui semble ne se prêter « à aucune explication rationnelle. La longévité des « parents, surtout lorsqu'elle est bilatérale, semble- « rait créer chez les enfants une prédisposition à la « folie. » Cette idée est développée dans un article de journal publié par Ball et Régis (4). Or, le grand-père mourut ayant dépassé la centaine. Le père et la mère furent emportés par la peste en 1529, c'est-à-dire vingt-neuf ans après la naissance de Benvenuto, ils étaient par conséquent âgés environ de soixante-dix ans.

(1) Marie : *Traité pratique des maladies mentales.*
(2) Marro : *I caratteri dei delinquenti*, 1887, Bocca.
(3) Ball : *Traité des maladies mentales.*
(4) Ball et Régis : Famille des aliénés, *Encéphale*, 1883.

Donc, par son hérédité (nervosisme familial) et par son innéité (grand âge de ses parents), Benvenuto Cellini vint au monde avec une susceptibilité mentale particulière.

CHAPITRE II

Cette susceptibilité ne put que s'accroître à chacun des assauts morbides qu'il subit au cours de son existence ; nous verrons même dans le deuxième chapitre de la seconde partie que la plupart d'entre eux furent autant de bornes où trébucha sa raison.

Les mémoires ne nous donnent aucune indication sur la santé de leur auteur pendant son enfance toute passée à Florence.

A dix-huit ans, il souffrit deux mois de la fièvre. « Le mauvais air qui règne à Pise m'avait donné un « peu de fièvre. » Il s'agit probablement là d'une attaque paludéenne ; en effet, à cette époque antérieure aux travaux de drainage et d'assainissement commencés par Cosme Ier (1), les mares stagnantes laissées dans sa vallée boueuse par l'Arno après chaque inondation prolongeaient jusque dans la campagne pisane la pestilence des maremmes ; et

---

(1) Cosme Ier (1519-1574) succéda à Alexandre comme duc de Toscane en 1537 et fut surnommé le Grand.

l'on connaît par ce proverbe italien : « Dans les
« maremmes on s'enrichit en un an, mais on y meurt
« en six mois » l'empire qu'exerce encore la malaria
sur ces régions fécondes mais redoutées.

A vingt-quatre ans, à Rome, Benvenuto, au cours
d'une épidémie de peste, se crut atteint par l'horrible
fléau. Dans sa terreur de la contagion, il ne sortait
plus de chez lui, mais il recevait des visites. Une fois
même il retint à coucher un de ses amis venu avec sa
maîtresse et sa domestique. C'est le lendemain de
cette fameuse nuit qu'éclatèrent les sinistres symp-
tômes. Un médecin appelé, tenant compte des circonstances immédiates qui précédèrent leur éclosion,
pensa tout d'abord à quelque affection vénérienne ;
nous ne voyons pas à laquelle il put songer. D'ailleurs
voici la scène racontée en détail dans les *Mémoires :*
« Dès que mon ami et sa maîtresse furent couchés,
« j'enlevai la petite servante qui était complètement
« novice, de sorte qu'il lui serait arrivé malheur si
« ses maîtres l'avaient su. Je passai donc la nuit bien
« plus agréablement qu'avec Faustina. A l'heure du
« repas, au moment où j'allais manger pour réparer
« mes fatigues, car j'avais couru plusieurs milles, *je*
« *ressentis un violent mal de tête, mon bras gauche*
« *se couvrit de bubons, et il se forma un charbon sur*
« *la partie externe de ma main gauche.* Tous ceux
« qui étaient chez moi furent frappés de terreur. Mon
« ami et ses deux femmes s'enfuirent. Je demeurai
« seul avec mon petit apprenti qui ne consentit
« jamais à m'abandonner et j'étais convaincu que
« j'allais mourir... Un médecin appelé s'écria :

« Puisque je suis ici, je consens à te soigner, seule-
« ment je t'avertis d'une chose, c'est que si tu as
« couché avec une femme, tu es mort. — Cela m'est
« justement arrivé cette nuit, lui avouai-je. — Et
« avec quelle espèce de créature, demanda-t-il ? —
« Avec une toute jeune fille, lui répondis-je. Aussitôt,
« s'étant aperçu qu'il avait lâché de sottes paroles,
« il se hâta de me dire : Comme les jeunes filles
« n'ont point encore l'haleine empestée et que les
« remèdes auront été administrés sans retard, il n'y
« a pas lieu de tant s'effrayer, j'espère te guérir radi-
« calement. » En effet, au bout de quelques jours,
le malade n'avait plus qu'une main bandée, avec une
plaie ouverte « remplie de charpie », bientôt il pouvait se remettre à travailler.

Était-ce bien véritablement la peste ? Le violent
mal de tête, les termes *bubons* et *charbon*, corres-
pondent assez bien avec la définition que Proust (1)
donne de cette infection : « Une maladie typhique,
« contagieuse, caractérisée par des bubons, des
« charbons, des pétéchies. » La guérison qui suivit
n'est pas une raison suffisante pour nous faire rejeter
cette hypothèse ; on sait que la peste n'est pas toujours fatale. « Dans certains cas très légers et excep-
tionnels, dit Deschamps (2), la maladie peut se ter-
miner brusquement au bout de deux ou trois jours ;
une transpiration abondante suivie d'un grand affai-
blissement marque le début de la convalescence. »

(1) PROUST : *Traité d'hygiène.*
(2) E. DESCHAMPS, in *Traité de médecine,* Brouardel-Gilbert.

Reste la question de la contagion. Ce n'est pas, comme il a l'air de le dire, la petite servante qui le contagionna. D'abord, parce qu'elle-même n'était pas malade, et la plus belle fille du monde ne peut donner que ce qu'elle a ; ensuite, parce qu'il faut à la peste, avant qu'elle apparaisse, une période d'incubation d'au moins deux jours.

A vingt-sept ans, nouvelle attaque d'impaludisme au cour d'un voyage à travers les landes marécageuses de Mantoue. « Pendant que je travaillais au « cachet (1) du cardinal, je fus pris d'une fièvre « quarte dont les accès me jetaient en délire. »

A trente-deux ans, syphilis. Il fut le premier à reconnaître la nature de son mal, et cela, prétend-il, contre l'avis des médecins auxquels il se montra. En tout cas, son diagnostic fut exact, et par les détails qu'il nous donne on peut affirmer qu'il souffrit d'une iritis et d'une roséole syphilitiques.

La localisation sur l'iris du virus spécifique fut annoncée par des troubles oculaires dus à des difficultés de l'accommodation. A plusieurs reprises, l'artiste, qui travaillait au célèbre bouton de chape (2) de Clément VII, fut obligé d'interrompre la délicate opération de cette ciselure. Il expliqua son retard par cette maladie d'yeux, et voici le conseil que lui donna

(1) Il gravait pour le cardinal d'Ercole la matrice d'un sceau où il représentait l'Assomption de la Vierge.

(2) Le pape lui ayant donné un précieux diamant pour en faire une agrafe, Cellini grava trois anges qui soutenaient la pierre sur laquelle Dieu le Père était assis enveloppé d'un manteau étincelant de pierreries et donnant sa bénédiction. La composition de Benvenuto fut préférée à toutes celles des autres orfèvres.

le pape : « Prends des bleuets (1) avec la tige, la fleur
« et la racine tout ensemble, fais-les infuser à petit
« feu, puis bassine-toi les yeux plusieurs fois par
« jour avec cette eau et tu guériras certainement,
« mais purge-toi d'abord. »

La roséole est aussi décrite avec des caractères
sur sa durée, sur la date de son apparition qui ne
laissent aucun doute : « Cette maladie n'était pas une
« fable, mais je crois que je l'avais gagnée avec cette
« jeune servante que j'avais lorsque je fus volé. Ce
« mal de Naples ne se déclara qu'au bout de plus de
« quatre mois, puis, tout d'un coup, il me *couvrit*
« *entièrement le corps. J'étais plein de petites am-*
« *poules rouges de la dimension d'un quattrino.* Les
« médecins ne purent jamais se persuader que ce fût
« le mal de Naples, et cependant je leur avais expli-
« qué comment je croyais qu'il m'était venu. »

Il se traita, dit-il, par le bois. C'est certainement
au bois de gaïac qu'il fait allusion, car au temps
même où vivait Cellini, Ulrich de Hutten (2) publiait
son traité ainsi intitulé : *Du bois nommé Gaïacum,
qui guérit la vérole française et combat la goutte des
pieds, la pierre, la paralysie, la lèpre, l'hydropisie,
l'épilepsie et autres maladies.* Suivant Cabanès, le
patient était mis à la diète absolue, ne buvait que de

(1) On sait la réputation antiophtalmique du bluet *(centaurea
cyana)*, dont les infusions servent encore comme véhicule des col-
lyres; de là son nom vulgaire de casse-lunettes.

(2) Ulrich DE HUTTEN, né à Steckelberg, dans le district de Cassel,
en 1488, mort dans l'île d'Ufenau, au milieu du lac de Zurich, en 1525,
un précurseur de la Réforme, célébré par Michelet, était lui-même
atteint de syphilis.

l'infusion de gaïac, tandis qu'on maintenait autour
de lui une atmosphère de vapeurs provenant de la
décoction de ce même bois (1). Fracastor, dans son
ouvrage *Syphilis seu morbus gallicus*, recommande
ce même traitement qui amena, chez notre artiste,
une rapide guérison. « Je le prenais, m'astreignant à
« la diète la plus sévère qu'on puisse imaginer. Bien-
« tôt ma santé s'améliora au point qu'au bout de cin-
« quante jours je fus guéri et sain comme un pois-
« son. »

Peu après, il eut une nouvelle poussée éruptive et
fébrile, comme il arrive souvent; peut-être aussi
faut-il attribuer la fièvre à un réveil du paludisme au
contact des terres infectées. « L'hiver approchait ;
« afin de me distraire, je me mis à chasser à l'esco-
« pette. Je m'exposais au vent, à la pluie, je m'enfon-
« çais au milieu des marais, en sorte qu'au bout de
« quelques jours mon mal reparut avec mille fois
« plus de violence qu'auparavant. Je me mis entre
« les mains des médecins, mon mal alla de mal en
« pis. La fièvre m'ayant saisi, je me disposai à
« reprendre le bois; les médecins s'y opposaient et
« m'assuraient que si j'y touchais pendant que j'avais
« la fièvre, je mourrais en huit jours. Cependant, je
« ne voulus point les écouter. Je suivis le régime
« que j'avais observé, et lorsque j'eus bu quatre
« jours consécutifs de cette bienheureuse eau de
« bois, je me trouvai complètement délivré de la

(1) Giacomo FRACASTOR, né à Vérone en 1483, mort en 1553, médecin, physicien et poète. Le traité cité ici est écrit en vers.

« fièvre. Au bout de cinquante jours, je fus complè-
« tement guéri. »

Aucun autre accident syphilitique n'est signalé
dans ses mémoires ; à l'âge de trente-neuf ans, pendant qu'il était en prison, ses cheveux et ses dents
tombèrent; mais cette chute est suffisamment expli-
quée par l'état de cachexie où l'avait plongé sa longue
et rigoureuse captivité.

A trente-cinq ans, nouvelle attaque fébrile d'ori-
gine paludéenne, au cours de laquelle le malade
délira.

Un malaise général précéda de quelques jours
l'accès. Une nuit que des sbires l'avaient réveillé par
erreur, il ne put se rendormir et, se sentant mal, fit
appeler un médecin pour se faire saigner. Celui-ci
refusa, ne le croyant pas sérieusement atteint, et,
comme ordonnance, lui prescrivit « d'avaler un verre
« de vin grec et de se maintenir le cœur joyeux ».

Cependant Benvenuto avait déjà la fièvre, comme
l'indiquaient les pulsations de son pouls dont le médi-
castre admirait beaucoup la force exagérée, mais,
selon lui, non pathologique en disant : « Tenez,
« touchez-moi cela, ce n'est pas le pouls d'un
« homme, mais celui d'un lion ou d'un dragon. »

« J'avais, ajoute Cellini, le pouls altéré à un point
« tel que cet ignorant ne l'avait jamais vu décrit ni
« par Hippocrate, ni par Galien. Je sentais bien mon
« mal, mais pour ne pas ajouter à mon agitation, ni
« à l'effroi que j'avais éprouvé, je m'étais armé de
« résolution et de courage. »

Quarante-huit heures plus tard, il s'alitait et com-

mençait une maladie qui, pendant plus de cinquante
jours, le fit souffrir.

« Le jour après la fête de Notre-Dame, *je fus saisi*
« *d'un frisson terrible.* Je me mis au lit et jugeai tout
« de suite que le cas était mortel. J'appelai les pre-
« miers médecins et entre autres Francesco de
« Norcia. Je leur dis à quelle cause j'attribuais ma
« maladie; j'ajoutai que j'avais voulu me faire sai-
« gner, mais qu'on m'en avait dissuadé et je les priai
« de me tirer du sang, s'il en était temps encore.
« Master Francesco répondit qu'il était trop tard et
« que si on s'y était pris plus tôt, je n'aurais eu
« aucune indisposition, et que maintenant il fallait
« avoir recours à un autre moyen. Malgré le soin et
« le savoir avec lesquels les médecins me traitèrent,
« le mal empira si rapidement qu'au bout de huit
« jours ils désespérèrent de ma guérison et ordon-
« nèrent de ne rien me refuser de ce que je leur
« demanderais. Cependant master Francesco dit :
« Tant qu'il aura le souffle, appelez-moi à quelque
« heure que ce soit, parce qu'on ne peut deviner ce
« que la nature est capable de faire chez un jeune
« homme. S'il vient à perdre connaissance, adminis-
« trez-lui *ces cinq remèdes l'un après l'autre*, et
« envoyez-moi chercher; j'accourrai à toute heure
« du jour et de la nuit, car j'aurais plus de plaisir à
« sauver Benvenuto que n'importe quel cardinal de
« Rome. »

C'est au cours de cette maladie qu'il eut l'hallucination étudiée page 54.

La convalescence apparut par *une crise abondante*

de sueur survenue après l'absorption d'une grande
quantité d'eau fraîche malgré la défense des médecins qui lui interdisaient de boire.

Il raconte que pendant cette convalescence il
vomit en présence du cardinal Cornaro « un ver d'un
« quart de brasse de longueur ; il était hideux, couvert
« de grands poils, et parsemé de taches rouges,
« noires et vertes ». Peut-être l'avait-il avalé lors de
sa désobéissance aux médecins.

A trente-sept ans, durant son voyage en France,
nouvel accès paludéen. « En arrivant à Lyon, j'étais
« malade et mon jeune Ascanio avait la fièvre
« quarte. »

A trente-huit ans, il se fracture la jambe en escala-
dant le mur de sa prison.

A Florence, en travaillant à son Narcisse, il eut
l'œil blessé par un éclat d'acier. « Quelques jours
« après, j'envoyai chercher le chirurgien Raffaelo de
« Pilli ; il me fit coucher sur une table, prit deux
« pigeonneaux vivants et à l'aide d'un petit couteau
« leur ouvrit sous l'aile une veine de façon que le
« sang me coula dans l'œil. Je me sentis aussitôt
« soulagé et au bout de deux jours la paillette sortit
« et je me trouvai guéri avec une meilleure vue qu'au-
« paravant. »

A soixante ans, à Florence, il prétend avoir été
victime d'une tentative d'empoisonnement au sublimé
de la part d'un parent de son locataire Sbietta. « Le
« sublimé m'avait corrodé les intestins de telle façon
« que je ne pouvais plus retenir mes excréments.
« Maestro Francesco et maestro Raffaelo me soi-

« gnèrent pendant plus de six mois et je restai un an
« sans me rétablir.

A soixante-cinq ans, il souffrit de douleurs gout-
teuses, c'est ce qui résulte de la note suivante trouvée
dans ses papiers (ses mémoires en effet prennent fin
en 1562). « J'ai eu une attaque de goutte le 10 mars 1565
« en revenant de Vecchio. Il y avait six ans que
« je n'en avais pas été tourmenté, mais elle m'a fait
« en une fois autant de mal qu'en six. Heureusement
« l'accès n'a pas duré. » Nous ferons remarquer ici
que très souvent l'arthritisme dont la goutte est une
manifestation s'associe au tempérament nerveux et
que chez les neuro-arthritiques, comme Benvenuto
l'était, les troubles mentaux sont si fréquents que
Mabille et Lallemant (1) ont cru pouvoir décrire une
folie spéciale : la folie diathésique.

Aucun passage de ses mémoires ne relate des excès
de boisson.

Les maladies infectieuses, paludisme et syphilis
qui atteignirent Cellini au cours de son existence
n'ont donc pu qu'exagérer l'état d'opportunité morbide dans lequel il se trouvait par suite du tempérament nerveux dont il apporta le germe à sa naissance.

Nous voulons signaler en terminant pour la rejeter
aussitôt une hypothèse que pourrait éveiller, dans
l'esprit d'un lecteur se rappelant la syphilis de Cellini, cette phrase d'un biographe (2) : « à partir de
la publication de ses mémoires sa tête se perdit
complètement. »

(1) Mabille et Lallemant : *Des folies diathésiques*.
(2) Firmin-Didot : *Nouvelle Biographie générale*.

Notre artiste ne fut pas atteint de paralysie générale. D'abord elle eût été bien tardive (après soixante ans), ensuite divers documents prouvent que jusqu'à la mort il put, malgré une certaine incohérence de conduite, vivre parmi les siens et entreprendre divers travaux. Rappelons par exemple que ses compatriotes l'élirent pour les représenter aux funérailles de Michel-Ange avec trois autres collègues : Bronzino, Ammanato et Vasari. S'étant trouvé indisposé, il dut se faire remplacer à cette solennité par le sculpteur Zanobi Lastricani.

Il mourut d'une pleurésie en 1571. « Que Votre « Altesse sache que la pleurésie dont je souffre m'a « déjà tué mon médecin avec beaucoup d'autres « hommes de bien et quant à moi, quoique j'aie « soixante-dix ans pour le moment, je me défends « encore de la mort », écrit-il dans sa lettre adressée au duc de Florence le 20 décembre 1570 (1). Il s'éteignit le 14 février 1571. On a déposé une plaque commémorative au n° 59 de la via Pergola.

(1) Voyez Plon : *Benvenuto Cellini*, Paris, 1883, p. 105.

DEUXIÈME PARTIE

État mental.

Dans cette deuxième partie nous allons soumettre à un examen médical la mentalité de Cellini ainsi décrite par un de ses plus illustres biographes (1) : « Cet homme étrange restera, croyons-nous, une des figures les plus caractéristiques et en même temps les plus énigmatiques que l'on puisse rencontrer. En lui le bien et le mal s'entrechoquent et les contradictions abondent. Cet indépendant recherche les cours et exècre ceux qu'on y coudoie. L'intimité des grands flatte sa vanité : il s'applique à la conquérir et quand il y est parvenu, loin de savoir en tirer parti, bientôt il gâte ses affaires en disant leur fait aux plus puissants. Arrogant et fantasque, toujours prêt à se louer, il ne passe jamais aux autres la moindre des fautes dont il se rend sans cesse coupable et il n'en a pas conscience. Tantôt cordialement serviable pour ses amis, tantôt vindicatif comme une vipère contre ceux qui l'ont offensé. »

(1) Eugène PLON : *Benvenuto Cellini*, Paris, 1883.

CHAPITRE PREMIER

DÉSÉQUILIBRATION MENTALE

L'histoire du héros des *Mémoires* fut celle d'un déséquilibré : telle est l'impression qui frappe immédiatement le lecteur. Sa vie publique par le nombre considérable des métiers qu'il exerça, sa vie privée par l'incessante mobilité de ses amitiés toujours changées en haine, ses perpétuels déplacements sont autant de signes de sa déséquilibration mentale.

D'ailleurs, la fréquence des troubles psychiques chez les hommes supérieurs est telle que certains auteurs sont allés jusqu'à cette affirmation : « Le génie est une névrose. » Moreau de Tours (1), Lombroso (2). Divers médecins, Hirsch (3), Regnard (4) ont réfuté cette opinion. Nous avons exposé dans notre

(1) MOREAU DE TOURS : *La Psychologie morbide dans ses rapports avec la philosophie de l'histoire*, 1859.

(2) LOMBROSO : *L'Homme de génie*, 1859.

(3) HIRSCH : *Genie und Entartung*, Berlin, 1894.

(4) REGNARD : *Génie et Folie, Annales médico-psychologiques*, 1898.

introduction, page 5, la théorie beaucoup plus juste de la *progénérescence* proposée par le professeur Lacassagne (1).

A. — Inconstance de ses occupations.

Cellini est surtout connu comme orfèvre et comme sculpteur mais son inconstante activité se dépensa dans les sens les plus divers. Pris d'un engouement subit pour une occupation il s'y donnait avec passion, mais bientôt rebuté l'abandonnait soudain et pour jamais. Les circonstances les plus opposées faisaient brusquement éclore en lui des aptitudes ignorées qui s'épanouissaient parfois en une œuvre admirable, mais qui toujours se fanaient en un fatal dégoût. Nous allons le montrer par l'étude des différentes carrières qu'il embrassa.

Orfèvre. — Il le fut toute sa vie ; *sculpteur*, il le devint à l'âge de quarante ans pendant son séjour à Paris. Ce sont là les deux branches d'un même art, le seul auquel il soit resté fidèle ; aussi est-ce à ses travaux dans l'orfèvrerie et la sculpture qu'il doit sa célébrité.

Musicien. — Il fut pendant quelques mois flûtiste du pape Clément VII (2). C'est parce que la musique lui

(1) LACASSAGNE : *L'Évolution de la médecine légale et les théories modernes sur la criminalité*, conférence aux Amis de l'Université, janvier 1897.

(2) Clément VII, fils naturel de Jules de Médicis, né en 1477 et mort en 1534. Son oncle Laurent l'adopta et son cousin Léon X le légitima afin qu'il puisse être élu à la papauté. Sous son pontificat (1523-1534) eut lieu le schisme d'Angleterre avec Henri VIII ; il maria sa nièce Catherine de Médicis avec le second fils de François Iᵉʳ qui devint roi sous le nom d'Henri II.

apparut comme un moyen d'évasion hors du logis
paternel où il languissait impatiemment qu'il l'étudia
et qu'il y acquit une virtuosité suffisante pour être
envoyé par son père à Bologne où on l'engagea dans
l'orchestre pontifical à l'âge de quinze ans.

Artilleur. — Il était tout à sa tâche de joaillier du
Saint Père lorsque le connétable de Bourbon vint
mettre le siège devant Rome. Benvenuto avait alors
vingt-sept ans. Immédiatement des dispositions sou-
daines pour la stratégie surgissent en lui, il va les
exposer au pape, demande et obtient un comman-
dement.

Jour et nuit il inspecte les soldats, travaille dans
les arsenaux, lit des traités théoriques. Il invente
une poudre à canon perfectionnée, et prétend que
c'est à la justesse de son pointage qu'est due la mort
des chefs ennemis, l'ex-connétable français et le
prince d'Orange. Mais cette ardeur qui l'enflamma
pour la science pyrotechnique ne fut qu'une étincelle
qui s'éteignit en quelques mois pour ne plus se ral-
lumer.

D'autres guerres éclatèrent mais son goût pour
l'artillerie ayant cessé, du fond de son atelier il
assista indifférent aux diverses phases de leur dérou-
lement.

Ingénieur. — Longtemps après il voulut appliquer
comme ingénieur les connaissances qu'il prétendait
posséder. En 1544, en France, lors de la réparation
des remparts de Paris, il va trouver François Ier pour
lui faire part de ses projets : « Le roi comprit bien
la bonté de mon système », dit-il, mais les officiers

compétents ne l'acceptèrent pas et firent venir un
ingénieur de profession. Cellini s'en vengea en
disant : « Si l'empereur eût poussé en avant, il se fût
« facilement emparé de Paris (1). »

En 1552, il fit une proposition semblable au duc de
Florence qui lui répond : « Quand il s'agit de statues,
« je t'accorderai que tu t'y entends parfaitement,
« mais ici je veux que tu me cèdes ; conforme-toi
« donc au dessin que je t'ai donné. » Cependant, si
l'on en croit l'auteur, son plan aurait été adopté par
la suite.

Littérateur. — En 1557, c'est-à-dire pendant que le
peintre Vasari (2) travaillait à la seconde édition de
son ouvrage biographique sur ses contemporains,
Benvenuto éprouve le besoin d'écrire lui aussi et il
ne trouve rien de plus intéressant que la description
de sa propre vie. Il s'en acquitta si bien d'ailleurs,
que ses *Mémoires* eurent l'honneur d'être traduits en
allemand par Gœthe lui-même.

En outre, il composa plusieurs sonnets qui n'ont
pas grande valeur il est vrai, et publia deux traités,
l'un sur l'orfèvrerie, l'autre sur la sculpture.

Prêtre. — Au cours de l'émotion qui agita toutes
les consciences sous le pontificat de Paul IV (1555-

(1) Il s'agit de l'invasion de la France qui eut lieu au printemps de
1544 ; Henri VIII d'Angleterre descendit la Picardie et Charles-Quint
s'avança par la Champagne jusqu'à deux journées de marche de Paris
et signa le traité de Crespy, septembre 1544.

(2) VASARI, peintre, architecte et littérateur italien, né à Arezzo en
1511, mort à Florence en 1574, a publié un ouvrage célèbre et volu-
mineux, *Vite di piu eccellenti architteti, pittori e sculptori,* 1re édition, Florence, 1550 ; 2e édition, Florence, 1568.

1559), ce pape (1) qui, de tout son pouvoir, s'efforça
de ranimer l'odieuse Inquisition et donna un nouvel
élan à l'institution tyrannique de l'Index, notre vieil
artiste fut assailli de scrupules religieux ; il voulut
entrer dans les ordres et reçut la première tonsure
en 1558 ; mais, fatal effet de son inconstante humeur,
cette nouvelle carrière ne tarda pas à lui déplaire et,
deux ans après, il *songea au mariage* à l'âge de
soixante ans, comme l'indique ce billet : « L'an 1560,
« désirant avoir des enfants légitimes, mais secrets,
« je me suis fait dégager de la susdite obligation et
« j'ai suivi ma volonté. » En réalité, s'il faut en
croire Molinier (2), il attendit encore trois ans avant
de se marier réellement avec une nommée Piera dont
il eut deux filles et un garçon.

L'année même où il veut se marier (1560) pour fon-
der une famille, lui qui a déjà des enfants illégitimes,
il adopte un jeune homme dont le père Domenico et
la mère Dorotéa Spartasenni vivaient encore ; quelques années après, il faisait casser l'acte d'adoption.
Aussi, toutes ces incohérences ont-elles pu faire
écrire à un biographe ces paroles : « A compter de
« ses *Mémoires*, sa tête se perdit. »

B. — Inconstance de ses amitiés.

La même instabilité se retrouve naturellement chez
l'homme privé, dans les rapports qu'il eut avec ses

(1) Jean-Pierre CARAFFA, né à Naples en 1476, mort à Rome en 1559,
élu pape en 1555, fondateur de l'ordre des théotins.

(2) MOLINIER, *loco citato*.

contemporains. Ses plus intimes amitiés se termi-
nèrent en haines, et de tous les personnages qui
eurent affaire à lui, il n'en est pas un auquel l'affection de l'ombrageux artiste soit restée fidèle. Dans
chacune des relations qui l'unirent aux autres, le
cycle de son évolution affective présente deux phases
invariables : à une période d'engouement exagéré
pour celui qu'il commence à fréquenter, succède
fatalement une deuxième période de désillusion où le
panégyrique du début sombre en une violente détraction. Parfois, un réveil des premiers sentiments
ramène sous sa plume comme un regain de tendresse
à l'égard de ses anciens amis, mais la durée en est
éphémère et la haine reprend toujours le dessus.
Aussi, les plaintes nombreuses qu'il profère sans cesse
et contre tout le monde ont-elles frappé ses biographes ; certains d'entre eux n'hésitent pas à le considérer comme un persécuté. « Il se croyait entouré
d'ennemis», dit Paul Mantz (1). « A ses infortunes, il
ajoute des persécutions imaginaires », écrit Dimier(2).

Idées de persécution.

Un examen attentif de ces différentes idées de persécution nous permet de les séparer en trois groupes :
les plaintes justifiées, les plaintes inventées pour
couvrir certains méfaits et les idées de persécution
véritables ne semblant reposer sur aucun fondement.

1° *Plaintes justifiées.* — Il est certain que son talent

(1) Paul MANTZ : Cellini, in *La Grande Encyclopédie*, t. IX.
(2) DIMIER : *Le Primatice*, Paris, Leroux. 1900.

et ses succès durent exciter chez ses rivaux d'hostiles jalousies. Il en fut ainsi pour Pompeo qu'il tua de deux coups de stylet, pour Tobbia, pour le Rosso dont le tempérament envieux et perfide était renommé, pour le Primatice (1) justement ému de l'arrivée d'un nouveau favori à une cour où il était en honneur, pour Bando Bandinelli, déloyal compétiteur à la cour de Florence.

L'animosité de la duchesse d'Étampes (2) peut s'expliquer par la protection qu'elle accordait au Primatice et par le froissement de sa vanité féminine que le Florentin n'avait pas su flatter.

De même, les mauvais procédés du seigneur de Villeroy peuvent bien avoir été provoqués par le désir qu'avait le gouverneur du Petit-Nesle, où logeait précédemment un de ses amis, de voir l'orfèvre abandonner cette demeure.

On comprend également l'amer ressentiment de son ancien prisonnier contre Paul III qui le garda deux ans dans un cachot.

2° *Plaintes inventées.* — Nous rangeons ici la plainte formulée contre Pierre-Luigi Farnèse. C'est lui qui aurait obtenu de son père Paul III (3) l'arres-

---

(1) Francesco PRIMATICCIO, dit LE PRIMATICE, peintre, sculpteur et architecte italien, né à Bologne en 1504 ou 1505, mort en France en 1570, décora le château de Fontainebleau.

(2) Anne DE PISSELEU, née en 1508, était fille d'honneur de la reine-mère Louise de Savoie, lorsque le jeune roi François Ier s'éprit d'elle en 1526, et en fit sa maîtresse; il la donna en mariage à Jean de Brosses qu'il éleva à la dignité de duc d'Étampes.

(3) Alexandre FARNÈSE, né à Rome en 1466, mort en 1549, fut marié avant d'entrer dans les ordres et eut un fils, Pierre-Louis, dont il est

tation de Cellini et qui en faisant mêler du verre
pilé aux aliments du prisonnier aurait sournoisement
attenté à sa vie et tout cela pour venger le meurtre
du père (1) de la femme d'un de ses favoris. L'injuste
accusation (2) de vol dans les trésors pontificaux,
sciemment lancée par le fils du pape contre Cellini,
n'aurait été qu'un prétexte pour assouvir cette vengeance. Cette explication embrouillée de la conduite
d'un prince à cette époque de la Renaissance italienne
où, avec les doctrines de Machiavel (3) alors en honneur, il était si aisé quand on possédait le pouvoir de
se débarrasser d'un individu, ne semble-t-elle pas la
machination d'un coupable pour s'innocenter ?

Il en est de même des accusations qu'il lança en
guise d'adieux en 1545 contre « ces coquins de Français ».

Sans avertir personne, il s'en allait en Italie empor-
tant de nombreux bagages ; mais il fut bientôt rejoint
par des envoyés du « roi très chrétien » qui exigèrent
la restitution de trois vases précieux. Prudent pour
une fois dans sa vie, il obéit aussitôt. « Je remis de
« suite les trois vases parmi lesquels s'en trouvaient
« deux qui avaient été fabriqués avec mon argent. On
« avait répandu le bruit que je voulais les emporter

question ici. Élu pape sous le nom de Paul III en 1534, c'est sous son
pontificat qu'Henri VIII d'Angleterre fut excommunié et que fut fondé
l'ordre des Jésuites en 1540.

(1) Il s'agit du meurtre de Pompeo, voyez page 72.

(2) La somme s'élevait à « 80 000 ducats dont la plus grande partie
« était en joyaux appartenant à l'Église et que j'avais volés à l'époque
« du sac de Rome dans le château Saint-Agnolo », écrit Cellini.

(3) MACHIAVEL, né à Florence en 1469, mort à Florence en 1527.

« en Italie ; mais je voulais les déposer dans l'abbaye
« du cardinal Ferrare à Lyon. Comme ils étaient
« d'une rare beauté et d'une valeur considérable, je
« m'étais seulement dit en songeant que le roi que
« j'avais laissé très malade pouvait mourir : Dans le
« cas où un tel malheur arriverait, je ne les perdrai
« point si je les confie au cardinal. »

Cette touchante explication ne paraît pas très sin-
cère ; elle nous fait comprendre les raisons pour
lesquelles il ne revint jamais en France malgré le
désir qu'il en eut souvent, car M. Dimier (1) a prouvé
par la compulsion d'archives authentiques le men-
songe de cette assertion.

C'est à une valeur actuelle de 10.000 francs que
s'élevait le détournement dont Cellini était véritablement coupable lorsqu'il s'enfuit de la cour de France.

L'absence de sens moral révélé par ces abus de
confiance ne fait que grossir le nombre des autres
signes de dégénérescence constatés chez notre artiste.

3° *Idées de persécution véritables.* — Mais il est
un autre groupe de plaintes recueillies dans les
mémoires qui trahissent une méfiance réellement
morbide.

Tout d'abord le nombre de ces accusations est si
considérable que le tempérament maladif d'un accu-
sateur aussi acharné apparaît aussitôt.

Toutes les petites contrariétés que le hasard fait
naître, Benvenuto les attribue à *la malveillance d'un*

(1) Dimier : *Benvenuto Cellini à la cour de France*, Paris, 1898. *Une
pièce inédite sur le séjour de Cellini à la cour de France*, Paris, 1902.

ennemi parfois inconnu. Il est bien certain que lorsque
son père lui fit entreprendre le fameux voyage qui
mena le jeune homme près du pape Clément VII et le
conduisit ainsi à la gloire, le vieillard n'obéissait à
d'autre sentiment qu'au désir impatient de faire
de son fils « un grand musicien » (1). Notre artiste
prétend au contraire que son père suivit les conseils
perfides d'un ennemi désireux de jouer un mauvais
tour au jeune orfèvre.

Plusieurs années après, un beau matin, il croit
remarquer certain changement dans la conduite du
pape à son égard : « Je n'entrais plus chez lui qu'avec
« d'extrêmes difficultés tandis qu'auparavant toutes
« les portes m'étaient ouvertes. » Immédiatement il
voit là l'effet d'une maligne calomnie. « Je devinai
« de suite que quelqu'un m'avait rendu un mauvais
« office. Je cherchai adroitement, on m'apprit tout
« excepté le nom de celui qui m'avait desservi : *Je*
« *ne pouvais m'imaginer quel était mon calomnia-*
« *teur.* »

Cette même méfiance confuse apparaît de nouveau
dans cette allusion à son départ pour la France en
1537 : « Je quittai Rome pour la France, tant parce
« que le pape irrité ne me regardait plus d'un aussi
« bon œil que pour éviter que mes ennemis ne me
« fissent pis encore. » Or, c'était de Clément VII
qu'il parlait ainsi et la protection dont ce pontife
l'honorait le faisait tout-puissant.

Le cardinal de Ferrare qui à force d'insistance

(1) Voyez page 13.

et de démarches le fait relâcher en est ainsi récom-
pensé : « J'en aurais trop à dire si je voulais ra-
« conter tous les tours diaboliques que me joua ce
« cardinal. »

A l'époque même où il accusait Giorgetto d'Arezzo
dit Vasari d'être un de ses détracteurs, voici ce que
celui-ci écrivait : « Il me serait facile de m'étendre
« sur le compte de Benvenuto Cellini qui dans toute
« sa conduite s'est constamment montré intrépide,
« fier, ardent, énergique, terrible et non moins
« audacieux avec les princes que dans ses ouvrages.
« Mais je n'en dirai plus rien attendu qu'il a lui-même
« écrit sur sa vie et ses ouvrages avec beaucoup plus
« de méthode et d'éloquence que je ne saurais le
« faire. »

En 1552, il quitte Florence et va à Rome où en
arrivant il reconnaît qu'on a mal parlé de lui.
« Dégoûté de Florence par les cruelles vexations que
« j'y avais éprouvées, je me serais avec plaisir fixé de
« nouveau à Rome, mais *je m'aperçus que l'ambassa-*
« *deur avait déjà manœuvré de façon à empêcher que*
« *cela eût lieu.* » En rentrant à Florence de ce même
voyage, il remarque encore qu'on a profité de son
absence pour lui nuire : « A coup sûr le majordome
« Pier Francesco m'avait secrètement desservi auprès
« du duc. »

« *Certains méfaits dont on m'accuse à tort, certains*
« *mauvais offices qu'on m'a faits par envie pure, le*
« *venin détestable de la calomnie* », voilà les expres-
sions qu'il affectionne.

Enfin ces paroles écrites dans une des dernières

pages de ses *Mémoires :* « *La mauvaise fortune*
« *s'acharna-t-elle jamais avec plus de rage à persé-*
« *cuter un pauvre homme ?* » ne sont-elles pas suffis-
santes pour nous permettre de considérer comme un
persécuté celui qui les prononçait à un moment où il
était couvert de gloire et de richesse.

Idées de grandeur.

Comme il arrive toujours, cette tendance à se croire
persécuté était accompagnée d'un immense orgueil.
A chaque instant ce fougueux Florentin exprime avec
une verve étincelante l'immense admiration qu'il
s'inspire à lui-même. « Si je voulais raconter en
« détail toutes les choses que j'ai faites dans cet
« infernal métier, j'étonnerais le monde... On n'en
« trouve peut-être pas deux de ma taille dans le
« monde entier... On admirait que tant de valeur fût
« unie à tant de jeunesse... » etc., etc.

Aussi cette réflexion de Larousse (1) : « La gloire de
Cellini n'est si grande que parce qu'il l'a lui-même
célébrée » contient-elle une grande part de vérité ;
en effet, la plupart de ses œuvres se sont perdues et
on ne les connaît que par les éloges répandus à
profusion sur elles dans les *Mémoires*. C'est également l'avis de M. Bertaux, professeur d'histoire de
l'art à la Faculté des lettres de Lyon.

Nous n'insistons pas davantage sur cette mégalo-
manie car elle est coutumière aux artistes et quand

---

(1) LAROUSSE : *Grand Dictionnaire universel du XIX⁰ siècle.*

ceux-ci sont des méridionaux elle n'a plus de borne ;
dans ces cas l'exubérance naturelle du tempérament
suffit à l'expliquer.

C. — **Dromomanie.**

La vie vagabonde qu'il mena tant que les infirmités
de la vieillesse ne l'immobilisèrent pas est encore
une preuve de l'inconstance de ce caractère chez qui
la satiété succédait brusquement à l'enthousiasme le
plus passionné.

Nous allons établir le tableau des différentes étapes
de son existence errante puis nous exposerons les
conclusions qui s'en dégagent.

Son enfance se passa toute à Florence.

Avant sa quinzième année il s'était déjà enfui du
logis familial comme le prouve cette phrase : « Déjà
« lorsqu'une fois je m'étais enfui de la maison pater-
« nelle, j'avais demeuré chez Francesco Castro à
« Sienne jusqu'à ce que mon père m'eût envoyé
« chercher. »

En 1515, à l'âge de quinze ans, exilé avec son frère
par les Huit, il se réfugie à Sienne où il reste six mois.

A l'expiration de sa peine, il revient à Florence d'où
il repart peu après pour Bologne afin d'étudier la
musique. On l'y engage dans l'orchestre du pape,
mais il s'ennuie bientôt.

Il revient donc à Florence.

En 1516, à la suite d'une querelle avec son frère,
qui lui avait volé ses effets (1), il quitte sa famille et
va à Pise où il demeure quelques mois.

(1) Voyez page 15.

En 1517, pour se rétablir des fièvres contractées dans la campagne pisane, il revient à Florence.

En 1519, après une discussion avec son frère, il s'enfuit à Rome et y reste deux ans.

En 1521, rappelé par son père, il revient à Florence qu'il habite pendant deux ans.

En 1523, exilé par les Huit, après une rixe, il part à Rome et y reste quatre ans.

En 1527, le désir de faire lever son exil le ramène à Florence.

En 1528, il va à Mantoue : « Parce que j'ai toujours aimé à voir le monde », dit-il.

En 1529, il revient à Florence pour achever de guérir une attaque paludéenne qui le frappa à Mantoue.

En 1530, Clément VII le rappelle à Rome où il fait un séjour de quatre ans.

En 1534, à la suite d'une bagarre, il s'enfuit à Naples, mais n'y reste que peu de temps.

Au bout de quelques mois, il revient à Rome où le réclame le cardinal de Médicis.

A peine y était-il arrivé, qu'il tue un de ses rivaux, Pompeo, et se sauve à Florence.

Là, un de ses « compères » (1), nommé Tribolo, l'invite à venir à Venise; il y va.

En 1535, rappelé par le pape, il retourne à Rome, y reste quelques mois.

Puis il repart à Florence pour se guérir d'une longue maladie.

En 1536, il retourne auprès du pape, à Rome.

(1) A leur baptême, les enfants avaient alors deux parrains qui étaient appelés les deux compères.

En 1537, brusquement, il part pour la France, en passant par la Suisse. Arrivé à Paris, François Ier l'emmène avec lui en Dauphiné. En arrivant à Lyon, Benvenuto, subitement mécontent, repart pour l'Italie.

En 1538, il arrive à Rome où on le jette en prison. Il y reste jusqu'en 1540.

Délivré sur les instances du cardinal de Ferrare, il va à Tagliacozzo pour se reposer ; au bout de quelques mois, il part à Paris ; il y est reçu avec la plus généreuse cordialité : « Je te noierai sous l'or », lui dit François Ier.

Malgré cela, un beau jour, après une discussion à Lyon avec le cardinal de Ferrare, il s'achemine vers la frontière. Rattrapé, on le ramène et il reste en France pendant plusieurs années.

En 1544, il quitte la France dégoûté des Français et coupable de vol.

Il se réinstalle à Florence.

En 1546, il va passer quelques jours à Venise, pour se soustraire à une accusation de pédérastie déposée contre lui.

Quelques mois après, il rentre à Florence.

En 1552, des comptes à régler et le désir de voyager le ramènent à Rome.

Quelques mois après il revient à Florence, où il passa la fin de sa vie ; on signale depuis cette époque un pèlerinage à Camaldoli et un voyage à Livourne et à Pise, en 1562, de quelques mois seulement.

En 1561, la reine de France Catherine aurait voulu

le faire venir à Paris pour achever le mausolée de son mari Henri II, mais le duc de Florence s'opposa au départ de l'artiste. Nous avons vu plus haut, page 41, les vraies raisons du refus opposé à cette invitation.

En considérant les motifs qui les déterminèrent, on peut diviser ces nombreux déplacements en deux classes : ceux qui furent imposés par la crainte de la justice ou par la justice elle-même ; ceux qui furent spontanés.

La première classe est de beaucoup la moins considérable. Nous y notons le premier exil à Sienne, qui fut infligé par les Huit à la suite d'une rixe aux deux frères Cecchino et Benvenuto; le second exil, ordonné en 1523 encore par les Huit à Benvenuto seul, pour agression. Les deux fuites de l'an 1534, l'une à Naples, au commencement de l'année, après avoir à demi assommé ser Benetto; l'autre à la fin de la même année, après le meurtre de Pompeo, qui le ramena à Florence; Enfin, le voyage de Venise qu'il effectua en 1547 pour se soustraire à l'accusation de pédérastie formulée contre lui.

Dans le second groupe nous rangeons tous les autres déplacements qui présentent tous les caractères de la dromomanie. C'est toujours la même inquiétude morbide, le désir de changer de place, de voir du nouveau, qui met le voyageur en route.

L'étude de la musique, les discussions, l'ennui, la convalescence, les invitations acceptées ne sont que des prétextes pour obéir à cet incessant besoin d'aller ailleurs.

Cet artiste qu'aucune occupation ne put retenir, qu'aucune amitié ne sut fixer, vécut tant que l'âge le lui permit comme un véritable vagabond.

Fugues.

Et le rôle que joua la volonté dans ces départs subits est souvent bien minime. A-t-il une discussion, un ennui, vite le voilà qui part.

A seize ans, à la suite d'un démêlé familial, il quitte Florence (1) et dans sa précipitation en sort « sans savoir quelle porte conduit à Rome ».

A dix-neuf ans, nouvelle discussion avec son père ; il détermine un camarade Tasso, à se sauver avec lui ; ce n'est qu'à la fin du jour qu'il se rend compte du chagrin que vont avoir les siens. « Nous nous « écriâmes : Que diront ce soir nos vieux parents ? « Nous convînmes aussitôt de n'y plus songer. »

Longtemps après, à quarante ans, en Dauphiné, au sortir de chez le cardinal de Ferrare, avec qui il a discuté sur la somme de ses appointements, il monte à cheval et part devant lui : « Je suivis une très belle « route qui traversait un bois. Je voulais faire dans « la journée quarante milles au moins afin d'atteindre « l'endroit le plus sauvage que je puisse imaginer ; « à peine avais-je parcouru deux milles que j'avais « résolu de ne plus paraître dans un pays où je fusse « connu et de ne plus exécuter d'autre ouvrage qu'un « Christ haut de trois brasses en m'efforçant de lui

(1) Voyez page 45.

« imprimer autant que possible cette indicible
« beauté avec laquelle il m'avait apparu (1). »

Ce n'est que contraint par des cavaliers dépêchés
à sa poursuite qu'il tourna bride.

L'impuissance de sa volonté dans ses déterminations brusques se manifeste encore lors de son départ
de France en 1537. Le cardinal de Ferrare, obligé de
partir à Grenoble, offre à Cellini de l'attendre dans
son abbaye, « où il trouverait tout ce qu'il pourrait
désirer ».

Malgré tous ces avantages l'ennui pousse l'artiste
vers les Alpes et lui fait gagner Rome où dès qu'il
arrive il est jeté en prison.

Même indécision à son second retour de France en
1544. « Je brûlai du désir tantôt d'arriver prompte-
« ment à Florence, tantôt de retourner en France. »
Néanmoins il va toujours tout droit.

Ne retrouve-t-on pas dans les exemples que nous
venons de citer les caractères que Pitres et Régis (2)
donnent de la fugue chez les dégénérés. « La fugue
des dégénérés, disent les professeurs de Bordeaux, se
produit sous la propension plus ou moins soudaine à
laquelle les sujets ne peuvent résister en raison de la
faiblesse de leur volonté. La crise née souvent d'une
cause réelle, mais insignifiante revêt le type con-
scient et le souvenir en reste tout à fait intact. »

Une grande instabilité de caractère qui le fit se
passionner et se dégoûter tour à tour pour chacune

---

(1) Voyez page 65.
(2) Pitres et Régis : *Les Obsessions et les Impulsions*, 1902.

des nombreuses occupations qu'il embrassa, qui le précipita dans les bras d'amis d'où il se sauvait bientôt en criant à la persécution, qui promena sans cesse son existence inquiète et une absence complète de sens moral (1), tels sont de la mentalité de Cellini les traits que nous avons vu dominer dans les pages précédentes.

D. — Langage symbolique.

Enfin, nous terminerons ce chapitre en rapportant un fait qui, isolé, n'aurait aucune valeur, mais qui joint à tant d'autres, ne fait que souligner la bizarrerie de son esprit et rappelle l'amulette de Pascal (2).

Après la mort de son frère Cecchino, des savants furent chargés de composer l'épitaphe du défunt et Cellini la fit graver de cette façon : « Je l'avais fait « graver en lettres antiques qui toutes étaient bri- « sées, à l'exception de la première et de la dernière. « Les savants qui m'avaient donné l'épitaphe m'en « demandèrent la raison. Je leur répondis que les « lettres brisées signifiaient que son corps était « détruit ; des lettres entières, la première faisait « allusion à son âme immortelle, ce glorieux présent

(1) « Les *Mémoires* de Cellini, dit Lavisse, sont dans leur première partie d'un entrain bien extraordinaire ; *le sens moral y paraît tout à fait aboli.* »

(2) L'amulette de Blaise Pascal était un hymne incohérent, composé de mots et de signes juxtaposés que le philosophe portait continuellement cousu dans la doublure de ses vêtements. (Voyez BINET-SANGLÉ : La maladie de Blaise Pascal, *Annales médico-psychologiques*, 1899.)

« de Dieu, et la dernière à la renommée qu'il avait
« conquise par sa valeur. »

N'est-ce pas là un symbolisme bien artificiel et ne
partage-t-on pas l'étonnement des savants à ce sujet?

On comprend plus aisément la hachette qu'il
introduisit dans l'écusson familial comme indice de
vengeance.

CHAPITRE II

Ainsi donc Cellini durant toute son existence fut un déséquilibré. Nous allons étudier maintenant certains épisodes de sa vie où sous l'influence de causes diverses l'excentricité habituelle de son caractère franchit les frontières qui séparent la raison de la folie. Nous verrons également de quelle façon les idées mystiques qu'il présenta revêtirent chez lui une forme hallucinatoire spéciale que M. Régis (1) décrivit en 1894 comme un stigmate de dégénérescence mentale.

A. — Bouffées délirantes.

A des dates espacées et en des occasions différentes il délira. Les maladies dont il fut frappé, les privations et les souffrances qu'il endura en prison, le surmenage intellectuel comme ce fut le cas en 1549

(1) Régis: *Les Hallucinations oniriques et du sommeil des dégénérés mystiques.* Congrès de neuropsychiatrie de Clermont-Ferrand, août 1894.

lors de la fonte de sa statue furent autant d'écueils où il versa dans le délire.

A vingt-sept ans, à Mantoue, au cours d'une attaque paludéenne, il délira. « Pendant que je travaillais au « cachet du cardinal, je fus pris d'une fièvre quarte « dont les accès me jetaient en délire. » .

A trente-cinq ans, à Rome, une grave maladie qui le fit souffrir pendant plus de cinquante jours, s'accompagnant de fièvre vraisemblablement paludéenne, provoqua à diverses reprises un accès délirant. Dans la page suivante il décrit avec beaucoup d'exactitude l'état de confusion mentale où il était plongé par le cahos des perceptions exactes, des illusions et des hallucinations véritables qui se brouillaient dans son esprit. « Tandis que je jouis- « sais de tout mon bon sens, je voyais s'avancer vers « le lit un vieillard d'aspect terrible qui voulait « m'entraîner avec violence dans une énorme « barque. Alors j'appelais mon Félice et je le « suppliais de s'approcher de moi et de chasser ce « vieux coquin. Félice accourait en pleurant et « s'écriait : Va-t-en, vieux traître, qui veux m'enlever « ce que j'ai de plus cher. Messer Giovanni Gaddi « qui était présent disait : Le pauvre diable délire, « il n'a plus que quelques heures à vivre. Matteo « Francesco de son côté ajoutait : Il a lu Dante et « il en rêve dans sa maladie, puis il continuait en « riant : Va-t-en, vieux coquin, laisse tranquille « notre Benvenuto.

« Voyant qu'on se moquait de moi, je me tournai « vers Messer Giovanni Gaddi et je lui dis : Sachez,

« mon cher Maître, que je ne délire point et que ce
« vieillard me persécute réellement. Vous feriez
« bien mieux de me débarrasser de ce misérable
« Matteo qui se rit de mes maux. Puisque Votre
« Seigneurie me trouve digne de ses visites, elle
« devrait venir avec messer Antonio Allegretti,
« messer Annibal Caro ou quelques autres de ces
« savants amis qui ne soient pas gens plaisants et
« grossiers comme cet animal.

« Alors master Giovanni dit en plaisantant à ce
« Matteo de s'éloigner de sa présence pour toujours.
« Matteo ayant continué à ricaner, la plaisanterie
« tourna au sérieux car master Giovanni ne voulut
« plus le voir et fit appeler messer Antonio Alle-
« gretti, messer Ludovico et messer Annibal Caro.
« Dès que ces gens de bien furent arrivés je ressentis
« un grand soulagement.

« Je causai longtemps avec eux et je possédais
« toute ma raison, sans toutefois cesser d'ordonner
« à Félice de chasser le vieillard. Messer Ludovico
« me demanda comment il était fait. Pendant que
« je le lui dépeignais très bien, *ce vieillard me prit*
« *par le bras et me tira violemment à lui. Je criai*
« *qu'on me secourût parce qu'il voulait me jeter sous*
« *le tillac de son horrible barque.* En prononçant
« ce dernier mot je tombai dans un profond
« évanouissement et il me sembla qu'on me lançait
« dans la barque. On me raconta que tant que dura
« cette pâmoison, je me démenai en criant à messer
« Giovanni Gaddi qu'il venait non pour me secourir
« mais pour |me voler et je lui dis mille autres

« injures qui le rendirent tout honteux. Je restai
« ensuite comme inanimé. Au bout d'un quart d'heure
« on trouva que je me refroidissais et on me laissa
« pour mort.

« Tout à coup je me remis à appeler Félice pour
« qu'il chassât à l'instant le vieillard qui me tourmen-
« tait. Félice voulut envoyer chercher maestro Fran-
« cesco ; je m'y opposai et je lui dis de venir près de
« moi parce que le vieillard avait peur de lui et
« s'éloignerait immédiatement. Félice s'approcha et
« *dès que je l'eus touché, il me sembla que le vieil-*
« *lard s'enfuyait irrité.* Je priai cependant Félice de
« demeurer toujours à mon côté. »

Cet état délirant persista plusieurs jours ; il alla en
s'atténuant au fur et à mesure que la maladie disparaissait. Une application de vingt sangsues au périnée
servit d'amorce à la guérison et peu à peu le malade
recouvra la santé.

Depuis longtemps les accès de délire ont été signalés dans la malaria. Griesinger, Krœpelin (1), Lemoine
et Chaumier (2), Marandon de Montyel (3) les ont
surtout étudiés ; mais ainsi que l'ont fait remarquer
MM. Rey et Boinet (4), pour délirer dans une attaque
paludéenne, il faut une prédisposition particulière.

A trente-huit ans, à Rome et en prison, l'humidité et
l'obscurité de son cachot, l'insuffisance d'une nourriture à laquelle il ne touchait qu'avec méfiance, soup-

---

(1) Krœpelin : *Psychiatrie Klinik*, Leipsick, 1903.
(2) Lemoine et Chaumier : *Annales médico-psychologiques*, 1887.
(3) Marandon de Montyel : *Annales médico-psychologiques*, 1893.
(4) Rey et Boinet : Congrès des Aliénistes et Neurologistes de
France, 1897.

çonnant toujours une tentative d'empoisonnement, l'avaient au bout de plusieurs mois réduit à l'état lamentable qu'il décrit : « Cependant mes ongles « étaient devenus d'une longueur telle qu'ils me « faisaient vivement souffrir. Je ne pouvais ni me « toucher sans me déchirer ni m'habiller sans qu'ils « se recourbassent en dedans ou en dehors en me « torturant cruellement. En outre, mes dents se « gâtaient, les mauvaises repoussées par les bonnes « perçaient peu à peu mes gencives au point que les « racines sortaient de leurs alvéoles. Alors je les « retirais comme d'un étui sans éprouver aucun mal « et sans répandre une goutte de sang. »

Les privations physiques jointes aux tortures morales d'un emprisonnement dont il ne prévoyait pas la fin réveillèrent alors la prédisposition délirante et bientôt des visions miraculeuses lui apparaissent, des voix lui apportent la consolation, un être divin lui touche le front et le marque d'une lueur merveilleuse qu'il portera toute sa vie (voyez paragraphe suivant).

La fréquence des troubles mentaux chez les prisonniers est telle que plusieurs aliénistes, Charpentier (1), Piétra Santa (2) entre autres ont décrit une forme spéciale de folie, la folie pénitentiaire, mais cette entité n'est pas admise. Sauze (3), Auguste Voisin (4)

(1) Charpentier, *Annales médico-psychiques*, t. XII.

(2) Piétra Santa : La mélancolie pénitentiaire, *Annales de psychologie et d'hypnologie*, 1891.

(3) Sauze : *Recherches sur la folie pénitentiaire.*

(4) Auguste Voisin : *Sur l'état intellectuel des détenus dans les établis-*

et Séglas (1) proclament la nécessité pour que ces troubles apparaissent d'une prédisposition psycho-névrotique que la détention ne fait que réveiller.

A quarante-neuf ans, à Florence, il travaillait à sa statue de Persée et les craintes qu'il éprouvait au sujet de la réussite de sa fonte l'agitaient depuis plusieurs jours. Au moment où il commença ce travail pénible et délicat, son inquiétude atteignit au paroxysme et détermina une crise passagère avec cris incohérents et hallucinations.

« Une crise éphémère, la plus violente que j'aie
« jamais ressentie, s'empara de moi ; je fus forcé
« de m'aller jeter sur mon lit... La fièvre alla
« toujours en augmentant de violence durant deux
« heures consécutives pendant lesquelles je ne ces-
« sais de répéter que je me sentais mourir. Tandis
« que j'étais en proie à ces tribulations, *je vis*
« *entrer dans ma chambre un homme tordu comme*
« *un S majuscule qui se mit à dire d'une voix aussi*
« *piteuse, aussi lamentable que celle des gens qui*
« *annoncent aux condamnés leur dernière heure :*
« *Hélas ! Benvenuto, votre travail est perdu et il n'y*
« *a plus de remède !* Aux paroles de ce malheur, je
« poussai un si terrible cri qu'on l'aurait entendu
« au septième ciel. Je me jetai à bas du lit, je pris
« mes habits et commençai à me vêtir en distribuant
« une grêle de coups de poing et de pied à mes

sements pénitentiaires de Belgique, Académie de médecine, Paris, 26 juillet 1888.

(1) SÉGLAS : Étiologie des affections mentales, in *Traité de pathologie mentale* de Gilbert BALLET, 1903.

« servantes, à mes garçons et à tous ceux qui
« venaient pour m'aider. »

Le terme créé par Magnan de bouffée délirante ne
convient-il pas exactement à cette agitation hallucinatoire ?

Le délire fut donc le mode de réaction uniforme à
chaque modification apportée à son organisme, par
les toxines des fièvres, par la misère physiologique
et la détresse morale de l'emprisonnement, par les
soucis et le surmenage intellectuel.

Pour expliquer l'influence de la prédisposition
morbide de chaque individu sur la forme que revêti-
ront chez lui les affections dont il sera atteint, Féré (1)
se sert de cette comparaison : « Si nous supposons
un peloton de soldats du même âge, vêtus et alimen-
tés de la même manière, laissés l'arme au pied au
milieu d'une plaine et soumis à la même action d'un
vent glacial, tel sera atteint d'une pneumonie, tel
autre d'une pleurésie, tel autre d'un rhumatisme arti-
culaire, tel autre d'une paralysie faciale, tel autre
d'une sciatique, etc. La même action banale du froid
aura mis en jeu leurs différentes opportunités morbides ; les affections aiguës ou chroniques n'agissent
pas autrement lorsqu'elles déterminent des troubles
nerveux psychiques, sensoriels ou moteurs ; elles ne
font que mettre en relief une prédisposition indivi-
duelle héréditaire ou congénitale. »

Cette prédisposition morbide chez Cellini siégeait

(1) Féré, cité dans le *Traité de pathologie générale* |de Bouchard,
page 344, t. Ier.

dans le cerveau. Les accès délirants qu'il présenta
en diverses circonstances furent autant d'éclairs à la
lueur fulgurante desquels apparut nettement cette
prédisposition déjà soupçonnée au travers des bizarreries nombreuses et coutumières de sa vie.

B. — Délire mystique.

Benvenuto Cellini était religieux (1), mais à son époque et surtout dans son pays, le sentiment religieux
chez la plupart des individus se confondait avec la
plus crédule superstition ; notre artiste ne partageait
guère cette foi absurde. Il ne croyait pas aux salaman-
dres malgré la méthode employée par son père pour
lui graver cette croyance dans la tête (2), ni à la magie comme le prouve le récit burlesque de l'évocation
diabolique à laquelle il assista en pleine campagne
par une nuit orageuse dans la compagnie d'un nécro-
mant et d'un jeune garçon, ni à la sainteté des prê-
tres « qu'affectionne tout particulièrement le mal de
Naples », dit-il, et dont il avait fréquenté trop inti-
mement les grands chefs : papes, archevêques, car-
dinaux. Aussi les idées mystiques qu'il présenta dans
certaines circonstances de sa vie n'en ont-elles qu'une
valeur pathologique plus grande. Toutes ces idées
apparurent et disparurent rapidement, une seule
persista jusqu'à la mort à l'état d'idée fixe.

1) Il parle de Dieu avec respect, il composa pendant sa captivité
des sonnets à la louange de la divinité.
(2) Voyez page 16.

Hallucinations mystiques oniriques.

Chez les dégénérés, d'après M. Régis (1), les idées mystiques révêtent souvent la forme hallucinatoire, et présentent les caractères suivants :

1° *Leur apparition.* — Elles surviennent soit le jour, soit la nuit, toujours dans un état de rêve endormi ou éveillé ; par état de rêve éveillé l'auteur entend certaines conditions particulières telles que l'extrême fatigue, la méditation, les longues prières, la contemplation, l'extase, c'est-à-dire les états comparables au rêve ; aussi les appelle-t-il hallucinations oniriques.

2° *Leur fréquence.* — Elles sont rares, intermittentes, quelquefois même leur apparition unique ne se répète pas.

3° *Leur constitution.* — Tous les sens peuvent y prendre part, surtout la vue et l'ouïe ; toujours des signes sensibles (écrits, paroles, gestes) expriment la volonté divine ; quelquefois, une conversation s'engage à laquelle prend part le malade.

4° *Leur conséquence.* — Elles laissent après elles une profonde impression sur l'esprit du malade.

Or, tous ces caractères se retrouvent dans les hallucinations mystiques qui apparurent à Cellini pendant son emprisonnement, en 1539.

Nous pouvons diviser ces hallucinations en deux

(1) Les hallucinations oniriques ou du sommeil des dégénérés mystiques, Congrès de neuropsychiatrie de Clermont-Ferrand, août 1894, *Tribune médicale*, 1894.

groupes, suivant qu'elles se produisent à l'état de sommeil ou à l'état de veille.

1° *Hallucinations oniriques pendant le rêve endormi.* — Dans un accès de découragement, le prisonnier avait tenté de se donner la mort, mais il en avait été empêché par ses gardiens; le soir, il s'endormit, et voici le rêve qu'il raconte :

« La nuit suivante, un être merveilleux m'apparut
« en songe, sous la forme d'un jeune homme d'une
« beauté ravissante. Il me disait d'un ton de repro-
« che : Sais-tu qui t'as confié ce corps que tu vou-
« lais détruire avant le temps? Il me semble que je
« lui répondis que je le tenais de Dieu tout-puissant.
« — Tu méprises donc ses œuvres, répondit-il,
« puisque tu veux les détruire? Laisse-toi guider par
« lui et ne désespère pas de sa bonté. Il ajouta une
« foule d'autres choses admirables, dont ma mémoire
« n'a retenu que la millième partie. Je ne tardai
« pas à rester convaincu que cet ange m'avait dit la
« vérité. »

Des phénomènes semblables se répétèrent plusieurs fois : « Chaque nuit, dit-il, je faisais les songes
« les plus gais et les plus agréables qu'on puisse
« imaginer. Il me semblait que j'étais constamment
« en compagnie de cet être divin, qui si souvent
« m'avait donné des avis salutaires. Pour toute grâce
« je le priais de me mener dans un endroit où je
« puisse contempler le soleil. Je lui disais que c'était
« mon unique désir et que je mourrais content si je
« pouvais voir cet astre une seule fois. Je m'étais tel-

« lement habitué à toutes les misères de ma prison
« que j'avais fini par les oublier. »

Plus loin il ajoute : « J'avais rêvé si souvent que
« les anges' venaient me panser ma jambe cassée
« qu'elle avait fini par redevenir aussi.vigoureuse. »

Il dit autre part : « Je relaterai encore qu'en prison
« j'eus un songe terrible, pendant lequel un être
« mystérieux me traça sur le front avec une plume
« des paroles de la plus haute importance en me
« recommandant trois fois de ne point les révéler : à
« mon réveil, je sentis que mon front était conta-
« miné. » De fait, il observa le silence sur ces confi-
dences angéliques ; on n'y trouve aucune allusion
dans ses *Mémoires*.

2° *Hallucination onirique pendant le rêve éveillé.*
— Celle-ci eut lieu en 1539, le lendemain de la Toussaint, fête où il avait fait le vœu d'aller en pèlerinage
au Saint-Sépulcre s'il revoyait le soleil (1).

Il était parfaitement éveillé lorsque cette apparition se manifesta à lui : Voici les circonstances
décrites par lui-même : « Le lendemain matin, je
« me réveillai à la pointe du jour, à peu près une
« heure avant le lever du soleil ; je sortis de mon
« misérable grabat, je m'enveloppai d'une mauvaise
« robe de chambre car le temps commençait à être
« froid et je priai avec plus de dévotion que jamais,
« je suppliai le Christ de me révéler par sa divine
« inspiration pour quelle faute je subissais une si

---

(1) Nous faisons remarquer que ce vœu ne fut jamais accompli.

« rude pénitence ; je le conjurai de ne point me
« refuser cette grâce puisqu'il n'avait point consenti
« à me laisser voir le soleil même en songe. »

S'étant par cette ardente prière plongé dans l'état
de rêve éveillé dont parle Régis, la vision apparut.

« A peine eus-je achevé cette prière que mon
« esprit invisible semblable à un tourbillon me saisit
« et me transporta dans une salle où il se découvrit
« à moi sous la forme d'un adolescent dont le visage
« était d'une beauté merveilleuse, mais plutôt austère
« que riant. Tous ces gens que tu vois sont ceux
« qui ont terminé leur carrière mortelle, me dit-il en
« me désignant la multitude qui remplissait la salle.
« Je lui demandai pourquoi il m'avait emmené à cet
« endroit. Suis-moi et bientôt tu le sauras, me répon-
« dit-il.

« J'étais revêtu d'une cotte de mailles et je tenais un
« petit poignard à la main. Il me promena dans cette
« grande salle en me montrant des milliers d'indi-
« vidus qui marchaient de côté et d'autre, nous
« avançâmes ensuite jusqu'à une petite porte qui lui
« livra entrée dans une ruelle étroite et où il m'en-
« traîna ; dès que je fus sorti de la salle je me trouvai
« désarmé, en chemise blanche, tête nue et à la
« droite de mon compagnon. Quand je me vis dans
« cette situation mon étonnement fut grand, car je
« ne reconnaissais pas cette rue. En levant les yeux
« j'aperçus la lumière du soleil qui frappait au-dessus
« de moi la façade d'une maison. Ami, dis-je à mon
« compagnon, par quel moyen puis-je monter assez
« haut pour voir le disque du soleil ? Il m'indiqua des

« degrés qui étaient à ma droite et me dit : Vas-y
« seul. Je m'éloignai de lui de quelques pas et je me
« mis à gravir à reculons ces degrés. Peu à peu je
« m'approchai du soleil, je me hâtai de monter et je
« ne m'arrêtai que quand mes regards embrassèrent
« le soleil tout entier.

« La force de ses rayons m'obligea de fermer les
« yeux ; bientôt, honteux de ma faiblesse, je les rou-
« vris et je dis : O mon doux soleil, toi que j'ai tant
« désiré, je ne veux plus que contempler ta face res-
« plendissante, tes rayons dussent-ils m'aveugler.

« Je le regardais fixement depuis quelques instants
« lorsque soudain il se dépouilla de ses rayons qui
« se jetèrent à sa gauche et je pus le contempler à
« mon aise avec un plaisir infini. J'étais émerveillé
« de ce prodige, je restai en extase devant la divine
« grâce que Dieu m'accordait et je m'écriai à haute
« voix : Oh ! que ta puissance est glorieuse et admira-
« ble ! Combien ta bonté dépasse mes espérances ! —
« Ce soleil sans rayons ressemblait exactement à un
« bain d'or fondu. Pendant que je considérais ce phé-
« nomène, le centre de l'astre lumineux se gonfla et
« il en sortit un Christ sur la croix formé de la même
« matière que le soleil (1). Il respirait une grâce et
« une mansuétude telles que l'esprit humain ne
« pourrait en imaginer la millième partie. A cette
« vue, je m'écriai : Miracle, miracle ! Oh ! Dieu de
« clémence, oh ! pouvoir infini, de quels bienfaits
« tu me combles en ce jour ! — Tandis que je parlais

(1) Voyez page 50.

« ainsi, le Christ alla rejoindre les rayons puis le
« centre du soleil se gonfla comme la première fois
« et prit la forme d'une auguste madone assise
« tenant sur son bras un enfant demi-nu qui semblait
« sourire. Elle était placée entre deux anges de
« toute beauté.

« Je vis encore, dans le soleil, à droite, un per-
« sonnage revêtu d'habits sacerdotaux. Il me tour-
« nait le dos et regardait la Vierge et son Fils. *Tou-*
« *tes ces choses étaient pour moi vraies, distinctes et*
« *animées.* Je ne cessais de remercier Dieu et de pro-
« clamer ses louanges. Enfin, au bout d'un demi-
« quart d'heure, ce merveilleux spectacle s'évanouit
« et je me retrouvai sur mon grabat.

« Aussitôt je me mis à crier avec force : Le Très
« Haut a daigné me montrer sa gloire dans toute sa
« splendeur qu'aucun œil mortel n'a peut-être jamais
« contemplée ; cette insigne faveur m'annonce que
« je serai libre, heureux et dans les bonnes grâces de
« Dieu ; tandis que vous, ribauds, brigands, vous
« serez misérables et maudits du Seigneur. Sachez
« que le jour de la Toussaint, qui est celui où je vins
« au monde, l'an 1500 le 1ᵉʳ novembre, à quatre heu-
« res de la nuit, sachez que ce jour-là vous serez
« forcés de me tirer de ce cachot ténébreux, car je
« l'ai vu de mes propres yeux sur le trône de Dieu. »

Telles sont les hallucinations oniriques de nature
mystique que nous avons notées dans les *Mémoires*
de Cellini. Elles possèdent tous les caractères fixés
par Régis.

Leur apparition. — Toutes apparurent la nuit, sauf

la dernière qui, survenue le matin, avait été précédée d'une ardente prière ; or, nous avons vu que, pour le professeur de Bordeaux, les longues prières isolent les fidèles du monde extérieur et les placent dans un véritable état de rêve éveillé.

Leur fréquence. — Elles ne s'étaient jamais manifestées avant l'emprisonnement, elles ne se reproduisirent plus après.

Leur constitution. — La vue, l'ouïe et le toucher furent impressionnés dans l'hallucination à l'état de veille ; les deux premiers sens seuls furent intéressés dans les rêves du sommeil.

Chaque fois la volonté divine s'exprima par des paroles, le prisonnier prit même part à la conversation.

Leurs conséquences. — Après chacun de ces phénomènes le malade reprit confiance, il ne sentit plus ses douleurs et il fut persuadé que Dieu le protégeait et était avec lui. Un des effets qui persista toujours, fut l'implantation dans l'esprit de l'artiste de l'idée fixe suivante :

Idée mystique fixe : lueur merveilleuse.

Depuis cette fameuse hallucination, Benvenuto prétendait qu'une langue de feu, visible pour tout le monde, était restée au-dessus de son front, en souvenir de la visite que Dieu lui fit.

« Je ne veux pas non plus passer sous silence la « chose la plus étonnante qui soit jamais arrivée à « un homme. Je la rapporte afin de prouver que Dieu

« me choisit pour confident des secrets de sa Provi-
« dence.

« Qu'on sache donc qu'après la visite que j'ai
« racontée, il me resta sur la tête une lueur miracu-
« leuse qui a été parfaitement vue par le petit nombre
« d'amis à qui je l'ai montrée. On l'aperçoit sur mon
« ombre, le matin, pendant deux heures à compter
« du lever du soleil, surtout quand le gazon est cou-
« vert de rosée, et le soir au coucher du soleil.

« Je la remarquai en France, à Paris, où on la voit
« beaucoup mieux qu'en Italie, parce que, dans ce
« pays, l'air est souvent chargé de vapeurs. Je puis
« cependant la voir et la montrer aux autres en tous
« lieux, mais moins distinctement qu'en France (1). »
Nous pouvons donc conclure en terminant ce
chapitre que la facilité avec laquelle Cellini délirait,

(1) M. Féré, dans la *Revue de Médecine*, 1905, a publié un article
intitulé : « Les auréoles névropathiques ». L'auteur (qui prend soin
de nous informer qu'il a lui-même une migraine ophtalmique fréquente avec scotome scintillant ou obscur) a constaté deux fois, chez
des hystériques qui prenaient des crises migraineuses menstruelles,
des phénomènes d'auréole névropathique ainsi décrits : *teinte orangée
de la peau du visage et des mains, avec radiations lumineuses autour du
visage.* Vingt ans plus tard, M. Féré reçut la visite d'un mari qui lui
fit, sur sa femme nerveuse et sujette à des réveils brusques par ter-
reurs ou hallucinations, un récit analogue : au moment du réveil, en
pleine obscurité, une lueur rayonne autour du visage de la malade ;
dans ce cas, la luminosité est liée avec l'angoisse, et M. Féré fait
remarquer que l'angoisse est constituée par un trouble vaso-moteur
analogue à celui qui cause la migraine. Il insiste beaucoup sur le rôle
de la suggestion dans les observations de faits semblables. La migraine ophtalmique dont il souffre lui-même ne peut-elle pas expliquer les visions colorées qu'il eut ? M. le professeur Lacassagne nous
a raconté avoir connu une jeune fille nerveuse, dont les cheveux,
par un temps orageux, crépitaient sous la main, mais on ne perce-
vait aucune lueur.

la forme spéciale aux dégénérés, d'après Régis, que revêtirent chez lui les idées mystiques, l'idée fixe qu'il garda d'une flamme divine déposée par Dieu sur sa tête sont autant de signes de l'instabilité de son équilibre mental.

CHAPITRE III

A. — Impulsions.

Les querelles nombreuses qu'il s'attira, les rixes sanglantes auxquelles il fut souvent mêlé, les meurtres qu'il commit témoignent assez de l'impulsivité de son caractère.

Aussi Gœthe (1) pouvait-il écrire de lui : « Un rien le blesse au vif, le plus léger sujet excite en son âme une rage violente, lui fait quitter une ville, un pays après l'autre. La moindre atteinte portée à sa propriété ou à sa dignité personnelle est suivie d'une vengeance sanglante.

Depuis son enfance où il se faisait exiler par les Huit dès l'âge de quinze ans, jusqu'à sa vieillesse où il lui était impossible de retarder jusqu'au départ du duc présent à leur discussion l'explosion de sa colère contre Bandinelli, sa volonté fut toujours incapable de maîtriser la violence de ses réactions. Ni les exils

---

(1) Gœthe, cité par Plon in *Benvenuto Cellini*, Paris, 1883.

qui lui furent infligés, ni la fuite souvent pénible à laquelle il fut plusieurs fois obligé de demander son salut, ni les regrets qu'il avait de ses emportements ne purent jamais apaiser sa fougue impatiente et souvent meurtrière.

Nous donnons quelques exemples de ses dangereuses colères et des ennuis qui résultèrent pour lui de s'y être abandonné.

Un jour, au cours d'une dispute, il bondit sur un de ses adversaires, Ghirardo Guasconti, et l'étend à ses pieds. Résultat : condamnation à l'exil.

Une autre fois, il a une discussion avec un certain ser Benetto, on échange des injures ; brusquement, Cellini, s'emparant d'une grosse pierre, la lance sur son adversaire qu'il assomme à moitié. Conséquence: il doit prendre la fuite.

Plus tard, dans une rixe, il tue un de ses concurrents, Pompeo, *sans avoir eu*, dit-il, *l'intention de lui donner la mort;* il avoue, néanmoins, s'être armé auparavant « d'un poignard bien affilé ». D'ailleurs, sa consolation fut rapide : « mais, comme l'on dit, on ne mesure pas la portée de ses coups ». Résultat : il doit encore s'enfuir, abandonnant toutes ses affaires.

Autre assassinat commis involontairement à la suite d'une bagarre : il tue un hôtelier à Sienne.

Ses réactions impulsives, quand il est plus âgé, et devant un prince, ne vont plus jusqu'aux coups, mais il se rattrape sur les injures : « Coûte que coûte, je te crèverai le ventre », dit-il à Bandinelli; mais, bientôt, regrettant son emportement qui peut déplaire au duc, il s'excuse : « Je me tournai humblement

« vers Son Excellence et je lui dis : *Signor mio*, un
« fou en produit cent autres. Les extravagances de
« cet homme m'ont fait oublier ce que je dois à Votre
« Excellence et à moi-même, daignez me pardon-
« ner. »

Rappelons ce que nous disions plus haut : on peut
considérer comme impulsions procursives les brusques départs qui suivaient parfois un moment de
mauvaise humeur.

Benvenuto fut donc un impulsif et cela est peu
étonnant à une époque où l'épée ne quittait jamais le
côté de son gentilhomme que pour se plonger dans
le corps d'un autre et laver dans le sang de l'adversaire l'honneur trop chatouilleux de celui qui la
portait; mais il le fut à l'excès comme le prouve la
réputation dont il jouit et l'épithète de *terrible* que
lui applique son contemporain Vasari.

Nous ferons remarquer, de plus, que la rancune de
ses compatriotes fut souvent patiente et pour s'assouvir savait attendre la chute de l'offenseur dans les
pièges sournoisement tendus, tandis que jamais ce
persécuté n'attira ses ennemis dans un guet-apens
et ce n'est jamais d'une embuscade qu'il s'élança sur
ses victimes ; toujours une impulsion subite le précipita soudain sur elles.

« L'impulsion morbide, disent Pitres et Régis (1),
est, dans le domaine de l'activité volontaire, la tendance impérieuse et souvent même irrésistible au
retour vers le pur réflexe. » Or, tous les actes que

---

(1) PITRES et RÉGIS : *Obsessions et Impulsions*, 1902.

nous venons de citer sont la manifestation de cette tendance.

Morselli (1) compare l'appareil volontaire à un cir-cuit électrique interrompu par un rhéostat où la volonté impose au courant un arrêt plus ou moins long et plus ou moins absolu, le rhéostat étant représenté ici par le cortex cérébral. La résistance du rhéostat, pourrait-on dire, était nulle chez Cellini dont la volonté était impuissante à réfréner les coups et les injures que souvent il regrettait après et que toujours il lui fallait expier.

Le tempérament impulsif existe toujours chez le dégénéré, font remarquer Pitres et Régis. « La fréquence des impulsions dans les états de dégénérescence, disent ces auteurs, est extrême et leur importance y est capitale à ce point qu'on peut dire sans crainte de se tromper que ce qui caractérise essentiellement la dégénérescence, ce qui lui donne son empreinte et en constitue le stigmate essentiel, c'est l'impulsivité. » Or, tous les actes de notre artiste : la mobilité de ses goûts, l'inconstance de ses amitiés, l'inquiétude de sa vie vagabonde, l'irascibilité de son caractère violent sont marqués au coin de cette impulsivité constitutionnelle.

B. — Obsession.

Les regrets qu'il éprouvait de ses violences leur étaient toujours ultérieurs. Une fois cependant il en

---

(1) MORSELLI : *Manuale di semeiotica delle malattie mentali*, vol. II, Milano, 1894.

fut autrement : les remords, pourrait-on dire, précédèrent le crime, tandis qu'après celui-ci, un soulagement véritable apaisa le criminel. Nous voulons parler de l'assassinat du soldat qui, *attaqué et se défendant*, tua le frère de Benvenuto.

L'obsession impulsive peut être ainsi définie, d'après Magnan et Legrain (1) : « Une manifestation cérébrale d'ordre intellectuel ou affectif qui s'impose à la conscience en dépit des efforts de la volonté, interrompant ainsi pour quelque temps ou par intermittence le cours régulier des opérations intellectuelles et qui est suivie d'un acte consciemment accompli mais qui n'a pu être inhibé par un effort de la volonté. »

Cette définition correspond exactement à l'acte que nous rapportons ici. Pour conserver à cet acte tous ses caractères d'impulsion consécutive à une idée obsédante, il convient d'insister sur les circonstances dans lesquelles il fut commis.

Un jour que le guet emmenait un prisonnier, un ami de celui-ci ameuta, pour le faire délivrer, une bande de jeunes gens parmi lesquels était Cecchino, Les soldats se défendirent et déchargèrent leurs arquebuses sur leurs agresseurs. Le jeune Cellini eut la jambe trouée d'une balle et mourut d'hémorragie. Benvenuto promit bien à son frère agonisant de le venger, mais il ne tarda pas à se rendre compte de l'injustice de cette promesse. Et ceci est très important, car ce n'est pas à une vendetta ordinaire que nous avons affaire ici.

(1) Magnan et Legrain : *Les Dégénérés.*

Dans la vendetta, c'est un devoir sacré que le vengeur croit accomplir, tandis que dans le cas actuel c'est à une *idée impérieuse, mais réprouvée* par lui que, malgré tous ses efforts contraires, Cellini fut contraint d'obéir.

La représentation du meurtre de ce soldat s'offrit à lui, et aussitôt, pour la chasser, il eut recours à l'étude ; mais chaque jour sa résistance devint moins efficace ; bientôt l'obsession triomphante envahit toute sa conscience au point d'empêcher tout travail, tout repos et toute nourriture. « Mon seul délas-
« sement était de lorgner comme une maîtresse
« l'arquebusier qui avait tué mon frère. M'étant
« aperçu que la passion de le voir si souvent m'enle-
« vait le sommeil et l'appétit et me menait dans un
« mauvais chemin, je me disposai à sortir de ce tour-
« ment, sans tenir compte de ce que cette entre-
« prise avait de peu louable. »

Nous faisons remarquer que ce n'est pas le désir de venger son frère, mais le besoin de faire cesser son propre tourment qui va le décider.

Pendant longtemps cet espionnage quotidien fut la platonique ébauche d'exécution dont se contenta sa fureur sanguinaire ; mais un beau soir, victorieuse des dernières oppositions de l'obsédé, cette exigence homicide finit par avoir complète satisfaction : « Mon
« homme demeurait près d'un endroit nommé Torre
« Sanguinea, à côté de la maison d'une des courti-
« sanes de Rome le plus en vogue que l'on appelait
« la signora Antea. Vingt-quatre heures avaient
« sonné depuis peu, mon arquebusier venait de sou-

« per et se tenait sur le seuil de sa porte, l'épée à la
« main. Je m'approchai adroitement de lui avec un
« grand poignard semblable à un couteau de chasse.
« J'espérais d'un revers lui abattre net la tête, mais
« il se retourna si vivement que mon arme l'atteignit
« seulement à la pointe de l'épaule gauche et lui fra-
« cassa l'os. Il se leva, laissa tomber son épée et,
« troublé par la douleur, se mit à courir. Je le pour-
« suivis, le rejoignis en quatre pas et levai mon poi-
« gnard au-dessus de sa tête qu'il inclinait très bas,
« de sorte que mon arme s'engagea entre l'os du cou
« et la nuque, si profondément que malgré tous mes
« efforts je ne pus la retirer. »

Immédiatement après l'accomplissement de ce
crime, Cellini était soulagé et reprenait tranquille-
ment ses occupations. « Tu es guéri maintenant »,
lui dit le pape constatant l'amélioration de sa santé
après cet assassinat.

Nous retrouvons dans cet épisode tous les caractères psychologiques de l'obsession impulsive décrits
par Magnan et Legrain : retour incessant de l'obsession, conscience très nette du phénomène qui s'impose, inutilité de la résistance du sujet dans la lutte
qu'il engage pour s'affranchir, soulagement consé-
cutif à l'accomplissement.

CHAPITRE IV

PERVERSIONS SEXUELLES

Il semble que l'instinct sexuel chez Cellini s'en soit toujours tenu à ce premier stade de son évolution où, pour nous servir du langage de Féré, il n'a d'autre effet que l'acte de conjugaison, et qu'il n'atteignit pas le degré plus élevé où les instincts relatifs à l'union permanente et à la protection des jeunes viennent se joindre à l'impulsion génitale primitive pour constituer l'amour normal (1).

En effet, les femmes ne jouèrent aucun rôle dans sa vie (2); il est rarement question d'elles dans ses mémoires, et lorsqu'il en parle c'est comme figurantes dans des scènes grivoises qu'il les décrit. Ce fut le cas d'Angelica la Sicilienne, de Catherine qu'il représenta dans sa nymphe de Fontainebleau, de Jeanne Casse-Cou, de Dorothée qui lui servit de

(1) FÉRÉ : *L'Instinct sexuel*. Paris, 1902.

(2) Dona Porzia Chigi et la fille de Raphaël del Moro, les seules femmes dont il parle avec quelque respect, n'eurent pas la moindre influence sur lui.

modèle pour sa Méduse, de Piera et de quelques autres maîtresses dont il ne donne pas le nom.

A grands traits il esquisse leurs qualités physiques pendant qu'il vécut avec elles, la présence fréquente, prétend-il, ou l'absence de leur virginité quand il les rencontra, l'état de grossesse où il lui arriva de les laisser sans grand scrupule. « Autant que je m'en « souviens, dit-il, Constanza fut le premier enfant « que j'eus ; je la dotai d'une somme dont se con- « tenta une parente, et je ne la revis plus de ma vie » ; mais jamais un seul mot sur le caractère, les vertus ou les défauts de ses compagnes. Choisies dans un intérêt purement physiologique, elles ne lui étaient unies par aucun lien intellectuel, ni même affectif. « Elle me servait à assouvir mes appétits char- nels. » Telle est la seule raison qu'il donne de ses diverses unions.

Il fut donc totalement réfractaire au charme fémi- nin, à qui, si l'on en croit l'opinion communément admise, les artistes sont redevables de leurs plus belles, sinon de toutes leurs inspirations.

Si jamais elles n'inspirèrent son génie, pas une seule fois non plus elles n'armèrent son bras et dans les nombreuses rixes où il mêla son sang à celui d'autrui, jamais une femme ne fut la cause directe ou indirecte qui lui fit tirer l'épée, fait encore étonnant, surtout chez un compatriote de Capulet.

Aussi dans une conférence que faisait de la Touche (1) à un auditoire féminin pour recommander

(1) DE LA TOUCHE, *Revue de Paris*, 1832.

la lecture des *Mémoires de Cellini*, l'orateur pouvait-il s'écrier : « Les dames ne trouveront dans ses
« *Mémoires* que bien peu d'hommages rendus au
« pouvoir de leurs charmes. Elles y brillent par leur
« absence. Cette exaltation d'un dévouement tendre,
« ce degré de plus du sentiment qui fait qu'on aime,
« Benvenuto paraît ne l'avoir ressenti qu'en faveur
« de ces disciples.... Ses affections les plus vives
« se nommèrent successivement Félix, Ascanio,
« Diego, Paulino.... *Je laisse à un autre le soin*
« *d'exposer l'amitié singulière et toute l'ardente sol-*
« *licitude du maître pour eux.* »

Comme appui au sens non équivoque de cette dernière phrase, nous rappellerons que Cellini fut accusé de perversions sexuelles à deux reprises et dans deux pays différents.

La première fois, c'était à Paris, en 1543 ; il fut traîné devant le juge. Sa maîtresse Catherine déposa contre lui une plainte pour avoir été victime des « mœurs italiennes » (1) de son amant.

Cette accusation, racontée dans les *Mémoires* de la façon la plus cynique qu'il soit possible et dont nous croyons inutile de rapporter les pornographiques détails, n'aurait été, prétend Cellini, qu'une machination de la duchesse d'Étampes et du Primatice pour le perdre.

Terminée dans les rires d'une cour où il était

---

(1) La sodomie à cette époque était considérée en France comme une manière italienne, en italie comme une manière française ; il en était d'elle comme de la syphilis dont les deux pays se rejetaient réciproquement la paternité.

choyé, cette affaire n'eut pas de suite. Nous ne l'avons mentionnée que parce qu'un fait du même genre fut reproché à Benvenuto deux ans plus tard.

C'était à Florence. Il travaillait alors pour Cosme Ier lorsqu'une femme nommée Gambetta, mère de son apprenti Censio, accusa l'artiste d'avoir abusé du jeune garçon. Cellini raconte qu'à cette nouvelle il jeta la vieille à la porte avec force injures contre une telle calomnie ; cependant, malgré cette belle assurance, dès l'aube suivante il décampait prudemment et se réfugiait à Venise où il attendit que cette histoire fût apaisée. « Après avoir réfléchi à la scélé- « ratesse et à la puissance de ce maudit pédagogue, « je jugeai que le plus prudent était de reculer « devant cette diabolique machination. En consé- « quence, le lendemain de bonne heure, je confiai à « ma sœur des pierreries et divers objets valant « deux mille écus environ puis je montai à cheval « et m'acheminai vers Venise. »

Cette fuite précipitée devant une tentative de chantage, car c'est ainsi qu'il représente l'accusation de la Gambetta, paraît bien suspecte ! Et ces soupçons ne font que s'accroître davantage et tournent presque en certitude quand on se rappelle les accents enflammés qui lui viennent aux lèvres pour décrire la beauté physique de ses jeunes apprentis. Nous ne rapportons ici que l'ardente peinture de Paulino :

« Ce Paulino était l'enfant le mieux élevé, le plus « honnête et le plus beau que j'eusse jamais vu. « Ses manières polies et prévenantes, son extrême « beauté et son dévouement m'inspirèrent pour lui

« la plus forte affection que puisse renfermer la
« poitrine d'un homme. Cette excessive amitié fut
« cause que pour voir plus souvent briller un rayon
« de gaieté sur son merveilleux visage qui d'ordinaire
« respirait la mélancolie, je me mettais quelquefois
« à donner du cornet.

« Tous ses traits s'épanouissaient alors d'un rire
« si pur et si gracieux que je ne m'étonne plus
« aucunement des folies des dieux du ciel que nous
« trouvons consignées dans les livres des Grecs.

« Si Paulino eût vécu de leur temps, il leur en
« aurait fait faire de plus grandes encore (1). »

Citons encore ces paroles par lesquelles il répond
devant le duc de Florence à cette exclamation que
lui adresse Bandinelli : « Ah ! tais-toi, vil sodomite. »
— Cellini s'écrie : « Insensé ! tu sors des bornes.
« Plût à Dieu que je fusse initié à un art aussi noble,
« car Jupiter et les dieux l'ont exercé dans le ciel et
« les plus grands rois et empereurs le pratiquèrent
« sur la terre. Par malheur, je ne suis qu'un humble
« et pauvre homme qui ne saurait ni ne pourrait
« aspirer à une chose si admirable. »

Ce panégyrique bouffon n'avait d'autre but, nous
dit l'auteur, que d'étouffer dans l'hilarité générale
le souvenir, réveillé par l'apostrophe injurieuse, de
l'accusation qui, un an auparavant, avait forcé Cellini

---

(1) Rappelons aussi l'épisode du banquet auquel chaque convive
était accompagné de sa maîtresse : Benvenuto amena un jeune garçon costumé en fille qui, ayant simulé un malaise à la fin du repas,
provoqua l'effarement des femmes accourues pour dégrafer une
compagne indisposée.

à se réfugier à Venise. Le résultat désiré fut atteint : l'assistance éclata de rire et le bienveillant Cosme Ier laissa retomber sur les mœurs de son protégé le voile d'oubli qu'un rival jaloux avait tenté de soulever.

Ces deux plaintes lancées contre lui dans deux pays différents, plaintes qu'il s'efforce de ridiculiser, mais qui toutes deux furent sérieuses puisque la première le mena devant un tribunal et la seconde le contraignit à la fuite, cette retraite trop hâtive pour être celle d'un innocent, les descriptions embrasées des charmes physiques de ses jeunes ouvriers, la défense émue et répétée des habitudes amoureuses de l'Olympe, ne sont-ce pas là des probabilités bien convaincantes de son anomalie ?

Il semble donc qu'on puisse ranger Cellini dans cette première catégorie des invertis sexuels que Krafft-Ebing appelle hermaphrodisme psycho-sexuel où, à côté de l'hétérosexualité conservée, se trouve une homosexualité prédominante, les deux sexes attirant alternativement ces anormaux.

D'ailleurs, toute les anomalies qu'il présenta ne paraissent avoir été que l'expression d'un seul vice : la sodomie. C'est du moins ce que semblent indiquer et les pratiques dont sa maîtresse se plaint d'avoir été victime et l'inclination qui parmi les individus de son sexe le portait exclusivement vers les jeunes gens aux charmes efféminés. Il est donc probable qu'en aucun moment il ne partagea les goûts de ces uranistes (1) qui, selon la phrase pittoresque de l'un

(1) RAFFALOWICH : *Uranisme et unisexualité*, thèse Lyon, 1896.

d'eux, ont une âme de femme dans un corps d'homme. Au contraire, il semble que ce soit le reflet de la beauté féminine sur certains corps d'adolescents qui éveilla parfois les ardeurs viriles du Florentin. Il ne vint pas au monde avec la tare d'une inversion congénitale, mais il devint au cours de la vie un de ces pervertis que le professeur Lacassagne (1) étudie dans son chapitre des inversions acquises.

Or, l'on sait le rôle considérable que la plupart des auteurs (2), Krafft-Ebing, Magnan (3), Schrenk-Notzing (4), Féré attribuent à la prédisposition dans l'éclosion des diverses perversions de l'instinct sexuel : les héréditaires et les dégénérés y sont le plus prédisposés, dit Schrenk-Notzing.

(1) LACASSAGNE : *Précis de médecine légale*, Paris, Masson, 1906. — Article Pédérastie du *Dictionnaire* de DECHAMBRE. — Voir également la thèse de CHEVALIER, inspirée par le professeur de Lyon, sur *L'Inversion de l'instinct sexuel au point de vue médico-légal*, 1884.

(2) KRAFFT-EBING : *Psychopathia sexualis.*

(3) VON SCHRENK-NOTZING : Therapeutic suggestion, in *Psychopathia sexualis*, 1895.

(4) FÉRÉ : *L'Instinct sexuel.*

CONCLUSIONS

I. — Cellini est né dans une famille où nous avons constaté l'existence du tempérament nerveux; de plus, son père et sa mère étaient déjà avancés en âge quand ils l'engendrèrent.

II. — Les diverses infections : paludisme, syphilis, peste, dont il fut atteint ne firent qu'exagérer en lui la prédisposition morbide dont il avait hérité.

III. — Toute sa vie il fut un déséquilibré comme le prouvent les impulsions criminelles (il avoue trois meurtres), les obsessions, les fugues, l'absence de sens moral, les idées de persécution et de grandeur, l'idée fixe d'une flamme céleste allumée sur son front par la divinité, les perversions sexuelles qu'il présenta. Sans aller jusqu'à la démence, l'incohérence de ses dernières années fut telle qu'un biographe put dire de lui qu'il avait perdu la tête.

IV. — Chaque secousse de son existence, maladies, captivité, surmenage, s'accompagna de bouffées délirantes ou d'hallucinations oniriques : ces dernières offrant les caractères signalés par Régis chez les dégénérés.

V. — Tous les signes constatés ci-dessus, dont chacun isolé n'a que peu de valeur, mais qui, réunis en faisceau, constituent un syndrôme nettement décrit par Magnan, permettent de considérer Cellini comme réalisant le type mental du dégénéré.

BIBLIOGRAPHIE

BALL. — Traité des maladies mentales, 1890.

BALL et RÉGIS. — Famille des aliénés, *Encéphale*, 1883.

BALLET (Gilbert). — Traité de pathologie mentale, 1903.

BINET-SANGLÉ. — La maladie de Blaise Pascal, *Annales médico-psychologiques*, 1899.

CABANÈS. — Gaïac, in *La Grande Encyclopédie*.

CHARPENTIER. — Troubles mentaux dans les prisons, *Annales médico-psychologiques*, t. XII.

CHEVALIER. — De l'inversion de l'instinct sexuel au point de vue médico-légal, th. Lyon, 1885.

CELLINI (Benvenuto). — Mémoires, traduction de Leclanché. Paris, 1847.

DE LA TOUCHE. — Benvenuto Cellini, *Revue de Paris*, 1832.

DÉSOBRY et BACHELET. — Benvenuto Cellini, *Biographie générale*.

DIDOT (Firmin). — Benvenuto Cellini, *Nouvelle Biographie générale*.

DIMIER. — Benvenuto Cellini à la cour de France. Paris, 1898.

— Le Primatice. Paris, 1900.

— Une pièce inédite sur le séjour de Cellini à la cour de France, Paris, 1902.

FÉRÉ. — L'instinct sexuel. Évolution et dissolution. Paris, 1902.

— Les auréoles névropathiques, *Revue de médecine*, 1905.

FRACASTOR. — Syphilis seu morbus gallicus. Venise, 1530.

GŒTHE. — Traduction allemande des Mémoires de Cellini. Tubingen, 1803.

GRÉGOIRE. — Benvenuto Cellini, *Dictionnaire biographique*.

HIRSCH. — Genie und Entartung, eine psychologische Studie. Berlin, 1894.

HUTTEN (Ulrich von). — Du bois de gaïac qui guérit la vérole française et combat la goutte des pieds, la pierre, la paralysie, la lèpre, l'hydropisie, l'épilepsie et autres maladies, XVIᵉ siècle.

KRŒPELIN. — Psychiatrie Klinik. Leipzick, 1903.

KRAFFT-EBING. — Psychopathia sexualis.

LACASSAGNE. — Précis de médecine légale. Paris, Masson, 1906.

— Article Pédérastie dans le Dictionnaire Dechambre.

— L'évolution de la médecine légale et les théories modernes de la criminalité. Conférence aux Amis de l'Université, janvier 1897.

LALLEMANT et MABILLE. — Des folies diathésiques, 1891.

LAROUSSE. — Benvenuto Cellini, in Dictionnaire Universel du XIXᵉ siècle.

LECLANCHÉ. — Traduction française des Mémoires de Benvenuto Cellini. Paris, 1847.

— Traduction française des Vies de Vasari.

LEMOINE et CHAUMIER. — Troubles mentaux dans les prisons, Annales médico-psychologiques, 1887.

LÉTANG. — Gall et son œuvre, th. Lyon, 1906.

LOMBROSO. — L'homme de génie, 1889.

LOYGUE. — Étude médico-psychologique sur Dostoïewsky et considérations sur les états morbides liés au génie, th. Lyon, 1903.

MAGNAN. — Leçons sur les maladies mentales, 1893.

MAGNAN et LEGRAIN. — Les dégénérés.

MANTZ (Paul). — Benvenuto Cellini, in La Grande Encyclopédie.

MARIE. — Traité des maladies mentales.

MARRO. — I caratteri dei delinquenti, 1887.

MICHAUD. — Benvenuto Cellini, Biographie universelle.

MOLINIER. — Benvenuto Cellini. Paris, 1894.

MOREAU de TOURS. — La psychologie morbide dans ses rapports avec la philosophie de l'histoire, 1859.

MOREL. — Traité des dégénérescence intellectuelles, physiques et morales. Paris.

MORSELLI. — Manuale di semeiotica delle malattie mentali. Milan, 1894.

PIETRA SANTA. — La mélancolie pénitentiaire, Annales de psychologie et d'hypnologie, 1891.

PITRES et RÉGIS. — Obsessions et impulsions, Paris, 1902.

PLON (Eugène). — Benvenuto Cellini, 1883.

RAFFALOWICH. — Uranisme et unisexualité, Lyon, 1896.

Régis. — Les hallucinations oniriques ou du sommeil des dégénérés mystiques. Congrès de neuropsychiatrie, Clermont-Ferrand, 1894.

— Précis de pyschiatrie, 1906.

Regnard. — Génie et folie. Paris, 1899. *Annales médico-psychologiques*, 1898.

Rey et Boinet. — Troubles mentaux et malaria. Congrès des aliénistes et neurologistes de France, 1897.

Sauze. — Recherches sur la folie pénitentiaire.

Schrenk-Notzing (von). — Therapeutic suggestion, in Psychopathia sexualis, 1895.

Séglas. — Étiologie des affections mentales, in Traité de pathologie mentale de Ballet, 1903.

Taine. — Philosophie de l'art.

Toulouse. — Enquête médico-psychologique sur Émile Zola, Paris, 1896.

Vasari. — Vie des peintres, sculpteurs et architectes. Traduction de Leclanché.

TABLE DES MATIÈRES

Lyon. — Imp. A. Storck et Cⁱᵉ, 8, rue de la Méditerranée

www.ingramcontent.com/pod-product-compliance
Lightning Source LLC
Chambersburg PA
CBHW052055270326
41931CB00012B/2766